Value Engineering
実践 価値工学

価値創造経営の視座

手島直明

基礎編

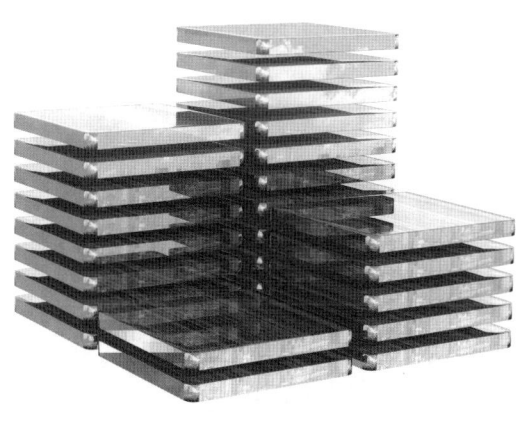

日科技連

まえがき

　企業価値の創造が今日的経営の最大関心事である．構造改革，企業再生，経営改善などの言葉で叫ばれているのも，経営スタイルを抜本的に変えねばならないとする切迫感が言わしめるところであろう．価値の創造に焦点をあて，企業経営システムを再設計する必要性が緊急性をもって迫っている．

　改革，変革を迫られている背景には，高度情報化に起因する「パラダイムシフト」という名の地殻変動が起こっているからだ．経営のありかたは抜本的に変化しつつあるし，せねばならない．企業組織におけるフラット化，ネットワーク化や生産，流通システムにおけるバリュー・チェーン・マネジメント，さらに企業合併，事業部売却，グローバル化やボーダーレス化に伴う価格破壊などはいまや常識語となってきた．経営情報は管理情報から戦略情報化してきている．しかし，これらの対応はまだまだ局所的であり，体質変革に至っていない組織が存在するのも事実である．

　繁栄をもたらした過去の経営構造は，もはや通用しないことの自覚が必要だ．今や情報が瞬時に世界中を駆け巡り，資金は国の壁を越えてあっという間に移り，また人もモノもダイナミックに移動する．そうしたなか，企業は，社会構造の変化を踏まえ，または先読みしてグローバルな対応を余儀なくされている．過去の技術力，勤勉さ，系列経営，合意による決定，企業内労働組合など，日本企業としての特殊性は，もはや功をなさないのである．ダイナミックな変化を直視し，大胆な変革を果敢に実行しなければならない．いたずらに先進企業の真似をしたり，恐怖を抱いたり，また，企業改革を高らかに標榜しても何ら今日の問題は解決しない．

　高度情報化は時代を変えたのである．変化した環境下で，いま企業経営に最も求められるのが，従来型延長思考での改善を良とする発想を否定し，真に

「企業価値」を創造し続ける仕組み作りである．よく言われる"グローバルな資本主義時代において，企業価値を創造できない企業は淘汰される"この経済原理がより鮮明になってきたのだ．しかし，今日までの意識や行動を否定する要素も多いため実行に移すのが難しいのも事実である．これを実践する方法論の一つが「**顧客価値**」の認識とその定量化によるプロセス管理である．

企業は，ステークホルダー（株主，従業員，顧客，社会／生活者）から資源の提供を受け，それを活用して社会に貢献できるモノ，サービスを提供する組織体である．社会に貢献するためには，とりまく環境変化に柔軟に，先行的に企業体質を変革していかなければならない．変革の視座を，「顧客価値」を基軸に置くことが企業を変えるスタート点であろう．ステークホルダーを効率重視の活用から価値の最大化を意図することだ．つまり，価値を創造し続けることと，その仕組みの定着が企業の目指すべき役割であることを再認識すべきであろう．「**価値創造経営**」の実践である．

資源を価値に反映する経営を標榜するのはこのためである．このことは，資本主義の原理原則であったはずであるが，戦後の経済発展を成し遂げる過程において，企業はこの経済原理を看過し，知らず知らずのうちに価値を意識しない，効率重視のサイクルに翻弄されてきてしまった．高度情報化に伴う社会構造の変化は，これに対応する変革を企業につきつけ，それゆえ，「価値創造経営」に関する方法論の確立は待ったなしである．

価値創造経営論には幾多の説があり，また，企業において試行錯誤が繰り返されているが，いまだ定まった方向性が見い出し難いとの認識もある．これは，急激な環境変化，経営方式の流動化と情報技術の急速な進展に学問や方法論の定型化が追いついていけないことも一因かと思う．突き詰めると，企業ごとに変革の方向性と方法論を確立すべき時代かもしれない．

本著書は，1993年に出版した「実践・価値工学」"顧客満足度を高める技術"が第8刷となり，さらなる重刷より第2版を出してはとの要請をうけ，第2版："価値創造経営の視座"として2010年6月に発刊した書の改訂版である．第2

版の第2刷を実施する段階で,「**顧客価値を基軸とした経営変革**」をより強調して発信すべきとの要望と著者の意図が相俟って「**価値創造経営の視座**」をメインタイトルに,企業価値の創造(経営変革)に焦点を当てた書として上梓することとした.

「実践・価値工学」第1版,第2版は,価値指標を導入した商品開発プロセスに力点をおき,原価低減を主たる目的としたVE手法から,さらなる飛躍を意図したものであったが,その思いは今日の社会情勢,企業環境からしてますます強まっている.ダイナミックに変化する今,変革をより強くリードする管理技術が必要視されている現況を踏まえ,旧著に大幅に筆を加え,価値指標の活用をより顕在化させて再構成してみた.

高度情報化に起因して,商品の評価構造が生産価値から顧客価値に移行している今日,社会,経済,市場などの大幅な変化を鑑みると,「顧客価値を基軸」として活用することが,さまざまな分野の改善,改革,変革をより効果的に実践できるのではと思う所以からだ.あらゆる構造のセットアップが顧客価値の視点で要求されているとの認識である.

時代変化に適合する経営は,顧客価値の把握とその達成プロセスがスタートであり,ゴールは企業価値の創造である.この認識のもと,価値を定義し,指標化して,管理技術上での目標値,評価値として活用,企業体質や製品開発,顧客サービスなどを抜本的に変革する実践手法として提示した.結果として,経営(行政,大学などの教育組織,NPOなどを含む)方式の変革が成される.つまり,顧客価値を基軸にして,企業価値の創造に結びつける方法論である.

急激に構造変化している昨今,「ムダをなくして製品や事業の体質を変える」「コストを削減する」「問題点を発見し,それを解決する」などを起点とする従来型改善,改革方式に行き詰まりが生じていることも事実である.これを打破するには,固定観念を払拭し,ゼロベース発想(顧客価値の視点)を可能にすることである.極論すると,現状否定からのスタートを模索すべきと言うことだ.本著ではこのことを意識するために改善,改革でなく"変革"の言葉を主に使用している.それは,あらゆる分野を変えることが,時代が大きく変わっ

た今,不可欠との認識からである.

　本著書は基礎編と応用編の分冊構成とした.基礎編では価値創造経営の必要性,企業価値,顧客価値の概念と価値創造経営の構造,管理指標としての価値の考え方,活用方式と価値工学の今日的必要性,その役割,価値工学の基本技法と原価低減を目的とした活用構造に関して記述している.

　応用編では,価値創造経営を実践する上での基軸となる顧客価値の把握,それを踏まえた商品価値の選択と創造を中心として,商品企画段階,製品開発段階,保守・サービス段階,研究・開発段階における価値工学活用構造を述べた.さらに,企業において価値工学の効果を発揮させる考え方と諸施策を記している.

　顧客価値を把握しそれを提供するためには,商品価値,製品価値,部位価値を定義,設定し,これらを創造し,達成していく活用構造の明確化が必要である.それぞれの価値は以下の定義をもとに展開している.

　　顧客価値:顧客がモノ(商品やサービス)に対して認知,認識する価値(基礎編,応用編で解説)

　　商品価値:顧客価値(顧客満足)の達成に向けて選択,設定したモノの価値(応用編で解説)

　　製品価値:商品価値を達成する意図で創出した生産物の価値(応用編で解説)

　　部位価値:製品価値を達成するために企業努力した価値(基礎編で解説)

　著者が,さまざまな企業において価値指標を基軸とした経営改善を実践し,遭遇した課題に対応するなかで,環境変化を再認識,整理し,価値創造の実践手法として研究した成果を纏めたものである.それ故,基礎編,応用編とも活用構造に関しては手順書として記述した.実施手順を着実に遂行することで成果が得られるはずである.

　従来,価値工学,価値分析はVE/VAの名のもと原価低減の有力な武器として産業界は当然のこと,行政官庁においても活用されてきた.手法がシンプル

である反面，大きな実績効果が積みあがってきたからであろう．手法的には，原価低減を期待する現行製品，部品，業務などの目的を明確にし，この目的を達成する最適手段を情報収集と創造力を用いて代替案を作成し，原価低減に結びつける方法論である．つまり，価値（V）＝機能（F）÷コスト（C）の式において，機能（F）を定数と考えた上での価値改善（原価低減）手法となる．

　本著書はこの概念を大きく進展させ，真に顧客価値の達成に向けて価値工学を効果的に活用，価値創造経営を遂行し，結果として変革を成し遂げ，知力企業に移行する方法論を提言した．混迷する社会，先が見えにくい企業経営，ダイナミックに変化する市場などへの俊敏な対応として，**「顧客価値を基軸」**とした変革が常に必要と考えたからである．それは，高度情報化に起因する価値観の多様化や流動化，ボーダーレス化の進展がその背後にあるからだ．著者の意のあるところを汲み取っていただき，ご活用いただければ望外の喜びである．

　最後に，本書の執筆にあたって，東京工業大学名誉教授　秋庭雅夫先生，東京工業大学教授　圓川隆夫先生にご指導，ご助言を賜りました．ここに深甚なる感謝の気持ちを表します．

　さらに，㈱日立製作所　元代表取締役副社長　川田史郎氏からは経営者としての観点で適切なご指摘を頂きました．厚く御礼申し上げます

　また，発行に際し，㈱日科技連出版社　田中　健社長，薗田俊江出版部長からは終始適切な編集をしていただきました．ここに，感謝と御礼の気持ちを表します．

平成 23 年 2 月

手　島　直　明

目　　次

まえがき …………………………………………………………………… iii

第 1 章　高度情報時代と企業変革 …………………………………… 1
1.1　高度情報化がもたらしたもの ………………………………… 1
1.2　ネットワーク構造とは ………………………………………… 3
1.3　高度情報化に伴う環境変化 …………………………………… 6
 1.3.1　情報時代，そして知力時代へ（顧客価値の視座）　6
 1.3.2　プラス成長時代の終焉　7
 1.3.3　自己実現フェーズの到来　10
1.4　急激な環境変化への対応 ……………………………………… 11
1.5　経営変革の方向 ………………………………………………… 14
 1.5.1　商品価値の視点を生産価値から顧客価値へ　14
 1.5.2　経営管理の視点を結果管理からプロセス管理へ　15
 1.5.3　商品開発の視点を"マス"から"個"へ　15

第 2 章　価値創造経営の構造 ………………………………………… 19
2.1　企業価値の構成 ………………………………………………… 19
2.2　価値指標を活用した経営モデル ……………………………… 23
2.3　価値連鎖経営 …………………………………………………… 24
2.4　顧客価値経営（逆ピラミッド型経営）……………………… 28

第 3 章　価値の定義と価値工学 ……………………………………… 35
3.1　経営における価値指標の役割 ………………………………… 35

3.2　価値の定義……………………………………………………………… 36
3.3　価値の算出式…………………………………………………………… 39
3.4　価値工学（広義）の定義とその意義………………………………… 44
3.5　VE（価値工学）の定義（㈳日本バリューエンジニアリング協会）… 48
　　3.5.1　最低のライフサイクルコスト　　48
　　3.5.2　必要な機能を確実に達成する　　49
　　3.5.3　製品またはサービス　　49
　　3.5.4　機能的研究　　49
　　3.5.5　組織的努力　　50
3.6　価値工学の発展経緯…………………………………………………… 50
3.7　価値工学の特徴………………………………………………………… 52
　　3.7.1　価値の改善，向上　　53
　　3.7.2　価値は顧客本位　　54
　　3.7.3　機能に立脚したアプローチ　　55
　　3.7.4　価値達成手段の創造　　57
　　3.7.5　ジョブプランにのっとったチームデザイン　　59
3.8　価値工学の活用目的とその対象……………………………………… 61

第4章　価値工学の基本技法 …………………………………………… 65

4.1　基本技法とは…………………………………………………………… 65
4.2　機能定義………………………………………………………………… 67
　　4.2.1　機能定義とは　　67
　　4.2.2　機能定義の表現ルール　　70
　　4.2.3　機能定義用語集　　72
　　4.2.4　機能定義の手順　　78
　　4.2.5　機能定義の実践方法　　79
　　4.2.6　定義された機能の整理（機能系統図の作成）　　81
　　4.2.7　機能系統図の作成手順　　84

4.3 機能評価（価値の把握と評価） ……………………………………… 90
　4.3.1　機能評価とは　90
　4.3.2　機能評価の手法　90
　4.3.3　実績価値標準法　93
　4.3.4　FD（Forced Decision）法　94
　4.3.5　DARE（Decision Alternative Ratio Evaluation）法　95
　4.3.6　機能評価の活用例（目標コストの設定）　97
4.4 代替案の作成 …………………………………………………………… 98
　4.4.1　創造（アイディアの発想）とは　98
　4.4.2　創造力を発揮させる諸要因　102
　4.4.3　創造技法の種類　104
　4.4.4　ブレーンストーミング法　104
　4.4.5　RSブレーンストーミング法　105
　4.4.6　チェックリスト法　106
　4.4.7　特性列挙法　107
　4.4.8　欠点・希望点列挙法　108
　4.4.9　KJ法　109
　4.4.10　形態分析図　110
　4.4.11　シネクティクス法　111
　4.4.12　NM法，NM-T法　113
　4.4.13　等価変換思考法　116

第5章　原価低減のための価値工学の活用 …………………………… 119
5.1 原価低減の意義 ………………………………………………………… 119
5.2 原価と原価分析 ………………………………………………………… 122
　5.2.1　原価とは　122
　5.2.2　原価分析にあたって　125
　5.2.3　ムダと原価低減　127

5.3 原価低減の方策 …………………………………………………………… 132
5.4 原価低減のための価値工学活用対象 …………………………………… 134
5.5 製品VE（現行製品への活用手法）……………………………………… 136
 5.5.1 製品VEの考え方　136
 5.5.2 製品VEの実施手順　138
 5.5.3 ステップ1：対象の選定　140
 5.5.4 ステップ2：機能分析　144
 5.5.5 ステップ3：原価分析と価値の評価　150
 5.5.6 ステップ4：アイディアの発想　155
 5.5.7 ステップ5：アイディアの具体化　167
 5.5.8 ステップ6：提案と実施　172
5.6 横断VE（現行部品横断的活用手法）…………………………………… 176
 5.6.1 横断VEの考え方　176
 5.6.2 横断VEの実施手順　179
 5.6.3 ステップ1：対象の選定　179
 5.6.4 ステップ2：機能分析　182
 5.6.5 ステップ3：コストレベルの把握　184
 5.6.6 ステップ4：ポテンシャルの発見　187
 5.6.7 ステップ5：低減要因の抽出　190
 5.6.8 ステップ6：効果の把握とフォローアップ　191
5.7 原価低減事例 ……………………………………………………………… 192

索引 …………………………………………………………………………… 196

応用編の内容

第1章　商品企画のための価値工学の活用（商品価値の把握）
第2章　製品開発段階における価値工学の活用（製品価値の創造）
第3章　サービス産業への価値工学の活用
第4章　研究・開発目標設定のための価値工学の活用
第5章　価値工学の効果を発揮させるために（知力企業に向けて）

第1章 高度情報時代と企業変革

1.1 高度情報化がもたらしたもの

　アルビン・トフラーが予測した情報化社会が現実の姿となり，社会，企業，個々人は，工業社会から情報社会，さらに知力社会への大変革への対応を余儀なくされている．バブル崩壊以降とみに言われているリストラ，企業合併，アウトソーシング，コングロマリット（複合企業）経営，企業価値経営，e-ビジネスなどは，これへの対応策としての重要な視点であろう．時代の変化はじつに大きく，急激な反面，それに思考，体制が追いついていないのが現実である．

　工業社会から今日の情報社会への移行は，モノ（製品やサービス）生産に関する重要な要素である情報処理が格段にスピードアップされたことにある．これを可能にしたのがデジタル技術だ．1990年代後半から，IT革命の波が一気に加速し，企業経営を大きく変えてきているのもこのデジタル技術の発達に起因している．

　過去，農業時代から工業時代の変革には動力革命が起爆剤となり産業革命をなし得た．同様に，工業時代から情報時代への変革はIT革命が重要な役割を占めている．情報と称する文字や画像，音声などのあらゆる情報をデジタルに変換し，処理するデジタル化が時代変化のキーワードとなる．

　情報をデジタル化することで，あらゆる情報が数学的に扱えるようになった．その結果，情報は足し算，引き算，掛け算，割り算などで加工でき，大量の情報は伝達，加工，処理，蓄積（情報を圧縮などして）が容易となった．さらに

情報の大量輸送もスムーズにできる．これらは図表 1-1 に示されるように，
- 入力情報量の増大化
- 情報伝達の高速化
- 伝達範囲の広域化（ボーダレス化，グローバル化）

が日々高度となり，そのための情報技術に関するハードやソフトが高い次元で確立されてきている．それゆえ，生活者や使用者（個人，企業人の別なく）にとって膨大な量の情報を，タイムリーに，世界中より受信，入手でき，また世界中いたるところへ発信できるようになった．

高度情報化をなしえたのは，まさにデジタル技術の進展にほかならない．産業革命が動力革命を基盤においたことと対比すると，工業社会から情報社会への移行はデジタル革命と言える．

デジタル革命は，経営や社会の基盤構造として，図表 1-1 に示すようにネットワーク構造，ユビキタス環境，マルチメディア通信をもたらし，その結果，社会はボーダーレス，価値観の多様化，価値観の流動化をキーワードとする従来とは異なった社会構造へと変質しつつあると言える．

高度情報化による社会構造の変質により，大量の，あらゆる分野の情報を誰でも意図すれば入手でき，各自の趣向で取捨選択し，必要と思われる情報を受け入れ続けられる．このことは，各自の主観をより強調させることになり，モノ，コトに対する判断基準が多様化してくる．これをここでは「価値観の多様化」と言う．

また，生活者や使用者，購買者にとって日々新たな情報が大量に流入（意識して収集することも当然含む）された結果，昨日の判断基準と今日の判断基準が変わってくるし，変わらなければならなくなる．商品寿命の短命化が結果として発生するのもこのためであろう．このことを「価値観の流動化」と言う．

さらに，情報伝達の広域化によって情報を伝達する側とされる側の役割分担がボーダーレスとなり，教師と学生，医者と患者，行政と企業，企業管理者と従業員など従来の情報を伝達する役割分担が次第に薄れてきた．国と国とのボーダーも，こと情報に関してはなくなりつつある．従来の関係行為がしだいに

図表 1-1 高度情報社会とその現象

成り立たなくなってきた．教師のほうが学生よりもいろいろな分野で情報をより多くつかんでいるとは限らない．また，医者が患者よりその患者の治療に関し適切な情報を常にもっているとは限らない．それぞれのもっている，または認識している情報を提供しあい，関係する両者間で協創（コラボレーション）する仕組みが，さまざまの分野で確立しつつある．これらの関係を，「ボーダーレス化」と言う．価値観の多様化，流動化，そしてボーダーレス化は社会構造を，企業経営を大幅に変質してきている．

1.2　ネットワーク構造とは

　高度情報化に伴う構造変質の主体をなすものにネットワーク構造がある．通信速度の高速化，情報の大量輸送，ネットワーク網（インターネット，LANなど），プロバイダー（インターネット接続サービス会社）の整備や定着により，ビジネス環境が大きく変わってきている．その顕著な例がネットワークビジネス（network business）やネットワーク会議などであろう．
　しかし，ネットワーク構造は単にインターネットを使用してビジネスを行な

い，情報を収集，発信するという次元ではない．ネットワークにより，社会構造そのものが変質する方向を示唆していると考えるべきである．このネットワーク型社会構造は次の3つの視点で説明できる．

1) 双方向コミュニケーション
2) この指とまれ組織
3) 感性主体の評価構造

　第1は，双方向コミュニケーションである．高度情報化の進展は個々人の情報量，情報処理量を増大させた．過去における情報伝達プロセスは電話に代表される一対一双方向コミュニケーションや，テレビに代表される多数に向けての発信であった．テレビは"マス"が対象であり，情報伝達は一対多の形で行われる．その点では大変効率がよいのであるが，双方向性がない．発信者は常に放送局側であり，視聴者はただ受信するだけである．

　しかし，ネットワーク化の進展はコミュニケーションの双方向化を促した．メールやチャットなどパソコンを経由してのコミュニケーションは当然のことながら，デジタル放送，講演会，大学の講義，企業での訓示なども双方向化し，コミュニケーションのありかたを根本から変えてしまうほどになっている．その結果，協創（コラボレーション）の概念が発生，コミュニケーションの型とその成果を変えてきている．

　次に挙げられるのが，組織形態の変化である．本来，組織は経営機能を達成するために造られる．工業時代，プラス成長時代，個人や社会がインフラ整備を欲求していた時代は，経営がなすべき機能はほぼ見えていた．それゆえ，組織はなかば固定化されたものであった．企業の方向性とその経営形態が大きく変わることはなく，企業における組織はほぼ固定しているのが定番とされていた．

　しかし，方向性を見出し難い21世紀の今日では，経営において達成すべき機能が常に変化する．それに合わせ，かつ，価値観が多様化し，流動化する人材を組織化するためには，固定した組織では機能しないし，また効率的な運営がなされない．そこで，組織は経営を遂行するうえで達成しなければならない

機能に向けて協力し合えるもののみの任意参画が主体となる方向に移行してきている．これが，「この指とまれ」組織である．自生的なルールと自発的役割が，組織内部の合意を作り出すという点で，伝統的な階層組織と異なる．自己申請による職場移動，NPO（Non-Profit Organization）やNGO（Non-Governmental Organization），あるいはインターネット上のフォーラム，ネットワーク企業などが機能し始めたのもこの方向の現れであろう．

　第3は感性主体の評価構造である．時代の変化は大きく，早い．変化に俊敏に対応していかなければ取り残されてしまう．起こり得る現象を詳細に把握，分析し，対応策を議論しては遅れる事態がしばしば発生する．意思決定者に適切な情報が常に集まるとは限らない．すばやく，変化に先行的に対応するためには，良悪，利害，正偽をずばり見抜く"感性"を常に養い，これをベースに意思決定をすることが大切となる．

　日本的経営の特徴である合意による意思決定はしだいに後退することになる．感性豊かな個人に組織の意思決定を委ねる時代だ．どのような方向，方策にすべきかを皆で議論するのではなく，この問題に関しては誰が最適な意思決定ができるかを議論し，その人間を決定することが会議の主たる議題となる．まさに，リーダーシップが問われる時代であり，感性で評価する構造が求められている．

　このことの延長線上に個人の意思決定と責任の問題が顕在化されてきた．皆で決めた，会議で決めた，とする発想での責任逃れはもはや通らないと認識すべきである．

　以上，ネットワーク構造に伴う社会構造の変質を3つの視点で説明してみた．これらは現実化してきている．それゆえ，企業経営のあり方を根本的に，かつ早急に変革しなければならない．ただし，この変革は経営者や為政者，マネージャーのみが認識するだけではだめである．全員の意識変革が必要だ．そのための方法論として，顧客価値の視点に立った管理手法の定着が必要である．

1.3 高度情報化に伴う環境変化

1.3.1 情報時代，そして知力時代へ（顧客価値の視座）

情報時代への移行は基本的に意思決定の時間概念，商品認識概念の変革である．図表1-2に示したように，人類は採集時代（約30,000～50,000年）から農業時代（約3,000～5,000年），そして産業革命を経て工業時代（約300～500年），さらに情報時代（30～50年？）と移行してきた．

各時代の継続期間が約一桁ずつ短くなっていることは歴史の示すところである．情報時代の先はまだ定かではないが，「知力時代」ではないかと言われている[5]．これは，変化，変革の時間軸を従来の発想（工業時代）から一桁早めて考えねばならないことを示唆している．

さらに，この情報時代への移行により，商品に関する価値意識が労働価値，生産価値を経て顧客価値へと変化してきた（図表1-3）．商品がメーカ主導による普及，定着主体の発想から，顧客の商品活用を中心とした発想への変化である．商品は購買者を消費者としての視点でなく，生活者（活用者）の視点で意識する社会構造に変革してきた．このことは企業経営の視座として時間軸で，一桁早く，さらに，顧客（商品活用者）の価値観に正確に対応せねばならない

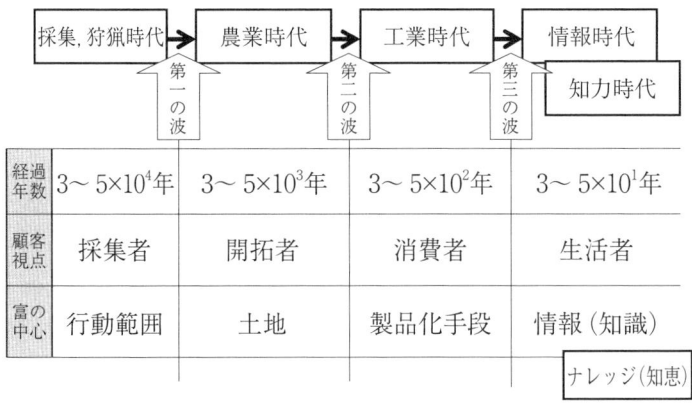

図表1-2　社会パラダイムの変化

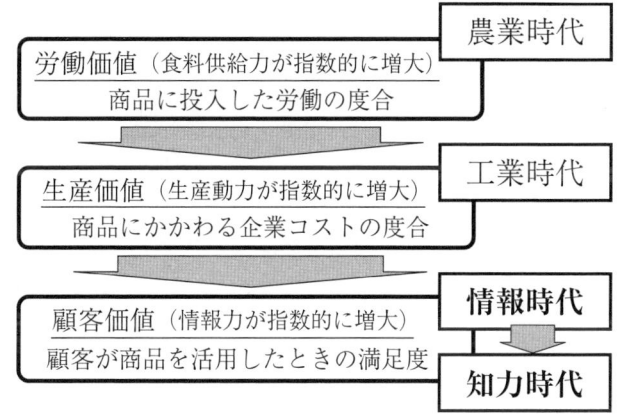

図表 1-3 商品価値認識の変遷

ことを示唆している．

1.3.2 プラス成長時代の終焉

　企業環境を認識するうえで非常に重要な指標として，GDP（国内総生産）の成長率がある．わが国では 1945 年以降のプラス成長（右肩上がり）の時代は 1990 年代に終わりをつげ，1990 年代初頭のバブル崩壊，2007 年にアメリカで起こったサブプライム問題などを契機に，マクロ的にはマイナス成長時代（右肩下がり）に突入した．このことは，今後しだいに証明されてくるであろうが，経営変革の方向性として意識する必要がある．

　戦後の経済復興から，高度成長時代（1960 年代）を経て，第 1 次オイルショック（1973 年）までの高度のプラス成長を経て，第 2 次オイルショック（1979 年），バブルの崩壊（1990 年代初頭）など，わが国を取り巻く環境変化に対応して経済は低プラス成長に移行した．成長率の高低はあるものの，プラス成長期が 50 年近く続いたのである．結果として，企業，行政，社会の仕組みや体制はプラス成長に対応する型でがっちりと作りあげられてきた．

　経済成長がプラスであれば，今日の延長で明日を考えることは正しい．しか

し，図表1-4に示すようにマクロな方向性として人口の減少，高齢化率の増大，これらに伴う労働人口の減少などからしてマイナス成長になる傾向が出てきた．今日までの仕組みや体制を否定してマイナス成長時代としての対応を模索する必要がある．しかし，理解はできてもそれを行動に移すことはなかなか難しい．構造改革が企業においても行政においても思いのほか進展しないのは，このマイナス成長への対応を見つけにくいからであろう．

このことは，非常に大きな意識変革をわれわれは要求されていると考えるべきである．われわれの大多数は右肩下がりに対応した社会システムを経験していないからである．今日まで体験した社会構造，経済環境などとはまったく違った，言ってみれば逆の施策を社会，企業，個人は手探りで求めていかなければならない．経験と人の和など過去の延長線上で思考してきた企業構造，社会構造は崩壊しつつある．成長が良いことであるとする発想それ自体も再検討を要するかもしれない．

図表1-5に，プラス成長とマイナス成長における基本的な対応方策を対比し

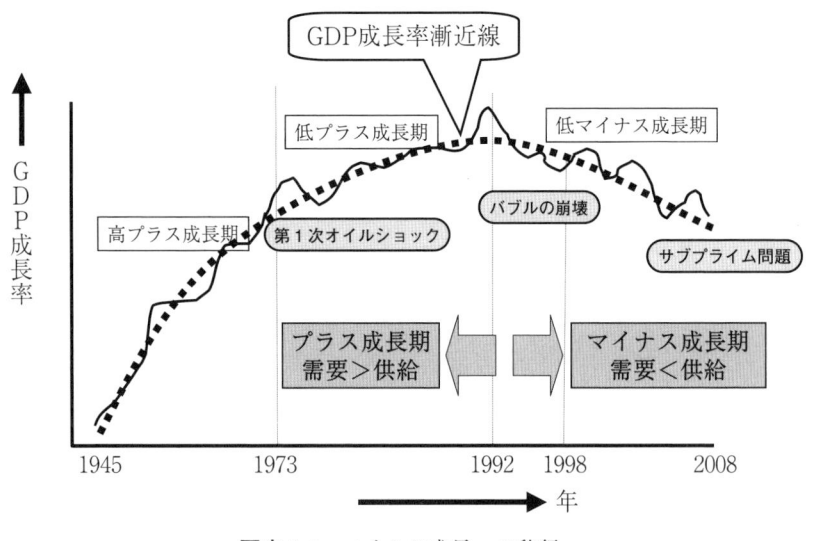

図表1-4　マイナス成長への移行

対比項目	プラス成長時代	マイナス成長時代
戦略方向	同業他社に勝つ	顧客（個客）価値への適合
意思決定	合議により決定	リーダーシップの発揮
経営戦術	経験を重視	情報収集力と分析力

図表1-5 成長率とその対応

てみた．企業において売上げを増大させ，利益を確保することは，プラス成長期においては競争相手に勝つことであった．そのために，他社製品にない機能やより高度な性能を製品に付与したり，販売店の数をより多く確保することが重要な施策であった．また，より多くの製品を製造，販売するためには，より多くの従業員のコンセンサスが必要であり，そのために合議による意思決定が定型化されてきた．合議による意思決定の主体を成すものは経験であり，実績が発言力の重要な役割を果たしてきた．

　マイナス成長期においては，マクロ的には需要が年々下降していく．他社に勝つことも１つの用件にはなるものの，基本的には商品購入者（使用者）の効用にいかに役立つかが主体となり，顧客（個客）のニーズにいかに適合するか，顧客の価値をいかに向上させるかという視点で戦略が成されなければならない．個々の顧客に適合した商品を提供するには，それぞれの情報をきめ細かく収集し，分析した後，方向性を明確に示す必要がある．つまり，個々人の価値認識把握とリーダーシップの発揮である．

　国全体の経済が成長することを期待したり，他者，他人に勝つことが生き残りの必要条件とする考えには終止符を打つべきであろう．マイナス成長を意識した企業経営は，プラス成長時代のそれとはまったく異なった視点で考えなければならない．真に顧客価値に合わせた商品なりサービスしか受け入れられない社会構造になりつつあるからである．

1.3.3 自己実現フェーズの到来

ITの利用があたり前となった今日，生活レベルの高質化がとみに進展している（図表1-6）．わが国の生活者意識は，戦後，枯渇物資の充足願望の時代から，人並みの生活を要求する時代，さらに優越感を得られる，差別化されたモノを所有する欲求に変遷してきた．これが1980年代初期まで続く大量生産，大量消費の時代である．

これらの生活安定願望を経てマズローの欲求五段階説（①生存，②安全・保全，③帰属，④尊敬・崇拝，⑤自己実現）に準拠した姿で進展し，IT革命を経た今日では5段階目の自己実現，つまり本音の時代となり，各自が高度情報化を踏まえて自分流の生き方を模索している社会構造と認識できる．

「本音の時代」においては，合意で物事を決めることや大勢が期待することを判断指標とする評価手法は再考を余儀なくされている．顧客でなく"個客"，組織でなく"個人"の視点であらゆる場面を考えることの重要性が顕在化して

年代	時代呼称	欲求程度	マズローの欲求5段階
1945～	生活基本の追求	食べたい，着たい	①生存，②安全・保全
1950～	雷同の時代	人並みでありたい	③帰属
1960～	優越の時代	人より良い物が欲しい	③帰属，④尊敬・崇拝
1970～	差別化の時代	人と違う物が欲しい	④尊敬・崇拝
1980～	主観的本質追求	自分はこう考え，これを選ぶ	⑤自己実現
1990～	本音の時代	自分はこれが好き．だからこれを選ぶ	⑤自己実現
2000～	個人の時代	自分は思いのままに生きる	⑤自己実現

図表1-6 わが国の成熟化（高質化）経緯

いるといえるだろう．つまり，企業経営における生産物（製品やサービス），購入先やステークホルダー（顧客，従業員，金融先，社会）を集団や組織として捉えるのではなく，それぞれの"個"を起点にすることが今日的経営の視座と言えよう．

1.4　急激な環境変化への対応

1.3節で述べた3つの視点（顧客価値の視座，プラス成長の終焉，自己実現フェーズの到来）が共振している現実を考えると，今日は，過去の延長線上の思考では対応できない時代にあると認識できる．つまり，過去は過去として，現実を正しく認識し，急激に各自の意識を非線形変化への対応として変革する必要がある．

このような状況の中で企業従事者は，経営の戦略性，科学性，合理性を併せもつ能力を発揮し，マネジメントを充実し企業を発展させなければならない．従来の経営者，管理者，担当者などの役割分担は成り立たなくなってきていることを認識すべきである．対応のスピードが議論されるのはこのことであり，ドッグイヤー，俊敏性などのキーワードで今日の経営を語る所以である．

非線形変化への対応学問（カオスやフラクタルなど）が，最近とみに隆盛をなしているのは，これらのことを予測，予知してのことであろう．原因と結果，動機と行為から，予測を可能存在ととらえる「線形」の思考体系ではなく，環境変数が多様化してきた昨今，予測は難しく，意外性ある結果を期待する「非線形」で思考する時代と言える．今日を説明する視点として図表1-7に以上の内容をまとめて表示した．

総じて言えることは，従来の，国が，企業が，組織が豊かになることが，そこに所在する者の豊かさへと結びつくとする価値観から，個々人の豊かさ追求のために，企業が，社会が，国が何をなすべきかを考える時代の到来であり，このことはモノ作りの原点である顧客を消費者としてではなく，生活者（生産財の場合は活用者）としてとらえる意識変革が必要となったことを意味する．

- 情報時代そして知力時代
  顧（個）客価値の重視
- マイナス成長時代
  下り坂パラダイム
- 成熟化社会
  個々の豊かさを追求

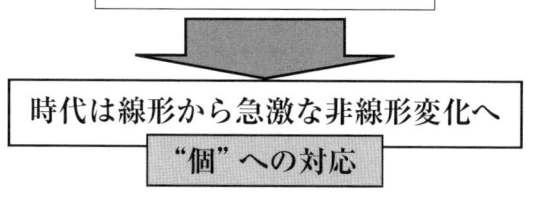

時代は線形から急激な非線形変化へ
"個"への対応

図表 1-7 今日を語る視点

　工業時代における商品の消費者としての視点ではなく，生活者，商品活用者としての情報を発信する個客の存在が情報時代，知力時代の特徴であろう．

　企業経営もこの視点に立って変革すべきであり，決められたルール，マニュアルなどに準拠して仕事をする分野はますます少なくなる．変化が早く，大きい今日，変化を先行的に把握する必要がある．それに対応していくため，全員が経営者，担当者の意識のもと，業務改革，自己変革を常に意識し実施すべき時代となった．

　非線形変化（今日の環境変化）をモデル化したのが図表1-8である．図表に示されるように，企業は常に環境の変化を先行的に把握，対応して企業体質を変化させていかなければならない．環境の変化は高度情報化の急激な発展に牽引され，ますます急激になってきている．図表1-2のように情報時代は30〜50年，そして知力時代は時代の変化が一桁ずつ早まるとする経験則からすると，変革期が4〜5年ごとに発生するとも予測される（図表1-2）．企業は常に変わり続けることで存在を証明する時代となった．

　図表1-8のモデルに示すように，変化への対応には，企業を取り巻く環境変

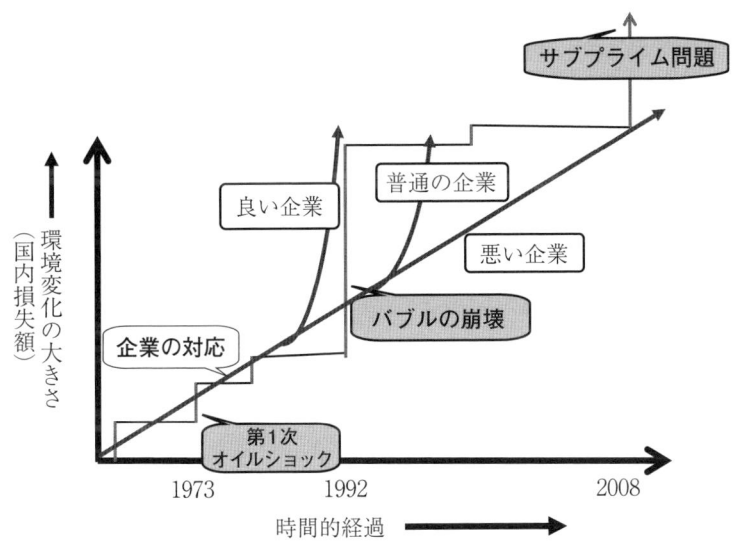

図表 1-8 環境変化と企業の対応

化が起きてから対応する企業,起きる前に起きることを予測して手を打つ企業,環境変化が起きても,従来の対応をそのまま踏襲する企業などさまざまなケースがある.この対応が企業の生存を大きく左右する時代であることを強く認識すべきだ.

　企業が成長発展を続けるカギは,企業の諸体質が,企業をとりまく諸環境条件に正しく,かつ先行的に柔軟に対応できるかどうかである.したがって,めまぐるしい環境の変化を的確に吸収,把握し世の中に先駆けて企業の体質を,積極的,先行的に変革していかなければ企業の維持発展はあり得ない.

　経営とはこのように企業をとりまく環境変化に適切に適応していくために施す手立てである.環境の変化には,図表 1-8 に示すように線形的な変化と非線形的な変化がある.経営者,管理者,担当者はこれを予知,予測して,企業として社会貢献できる製品やサービスを提供し続けるために,顧客の価値認識を踏えて,先行的に体質を変革することがますます重要になってきた.

1.5 経営変革の方向

1.5.1 商品価値の視点を生産価値から顧客価値へ

　高度情報化の進展は経営方式を大きく変えてきている．図表1-9にその比較を示す．プラス成長，工業時代での主たる経営の視点は競合他社に勝つことであった．それも国内が主な戦場である．しかるに，マイナス成長，情報時代，知力時代における経営はそれとは異なる視点で実践せねばならない．マネジメントの改革である．グローバル，ボーダーレスな環境下での大競争に経営を対応していくためには，従来にもまして経営情報を効果的，俊敏に活用していかなくてはならない．

　顧客や購入者の商品価値認識は図表1-3で述べたように，生産価値の視点から顧客価値重視へと移行してきた．そのため，顧客が期待する価値を基軸として，開発指標要素である「品質」「コスト」「発売期（納期）」「環境保全」などの目標指標を作成し，それを，同時並行的に商品化することが必要となる．研究・開発・設計，購買などと役割分担で商品化を遂行するのではなく，顧客価値向上の視点に立って，何を，どのように，いくらで，いつまでに生産し，販売するかの視点で目標を把握，設定することを企業経営の基軸としなければな

比較アイテム	工業時代	情報時代
主たる生産手段	生産設備	情報処理
情報の主処理	アナログ	デジタル
方向性	線形	非線形
商品の力点	物	ソフト＋モノ
組織構成	ピラミッド	ネットワーク
責任の所在	組織（集団）	個人
商品価値	生産価値	顧客価値
競争範囲	国内，業界内	ボーダーレス

図表 1-9 情報時代の経営方式

らない.

ここで言う顧客価値とは，商品の購入者がその商品をいかに有効に，価値ある形で使用するかということである．その意味では，商品は売り切りの価値ではなく，商品の生涯における使用価値の視点でも考える必要がある.

1.5.2 経営管理の視点を結果管理からプロセス管理へ

企業が利益を出すことで，さらなる顧客貢献がなされる．利益確保は企業の必要条件である．従来の利益確保には，原価は下げるもの，下げられるもの，利益はこれにより確保できるもの，とする原価管理，品質管理（不良品の発生はムダな原価の大きな要素），生産管理（納期遅延，ムダな作業時間など）の思想，しくみが存在していた．変化が急激で，多様化した市場においてはこの管理形態は成り立たない．図表1-10のように，コスト決定度合いの高い研究，開発，設計段階でのコスト管理（コストの創り込み）を徹底し，利益を確保していくとする視点の変更である．そのためには，"原価がかかりすぎた"，"ムダな作業をやってしまった"，"不良品が発生した"などの結果を得てからそれに対策の手をいれることのみではなく，商品を企画，設計する段階において，「顧客価値」の視点で，品質，コスト，生産タイミング（開発の時期）の明確な目標の下，プロセス管理を行うべきである.

商品の生産プロセスは概略図表1-11のプロセスを踏む．この各段階において，品質，コスト，生産のタイミングを達成するために，どのように管理するかが，今日的視点である.

ターゲットに合わせて達成手段を検討していく演繹思考によるプロセス管理への移行が必要となる.

1.5.3 商品開発の視点を"マス"から"個"へ

企業にはモノを提供することにより社会に貢献をする使命がある．したがって，モノをどう開発，製造するかが最大の管理要素である．工業時代におけるこの開発管理の視点は，いかに多くの顧客に商品を提供するかにあった．松下

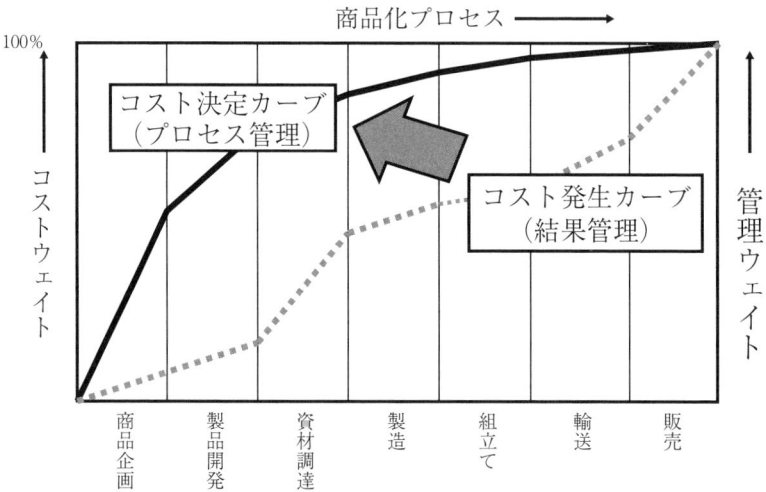

図表 1-10 結果管理からプロセス管理へ（コスト管理の例）

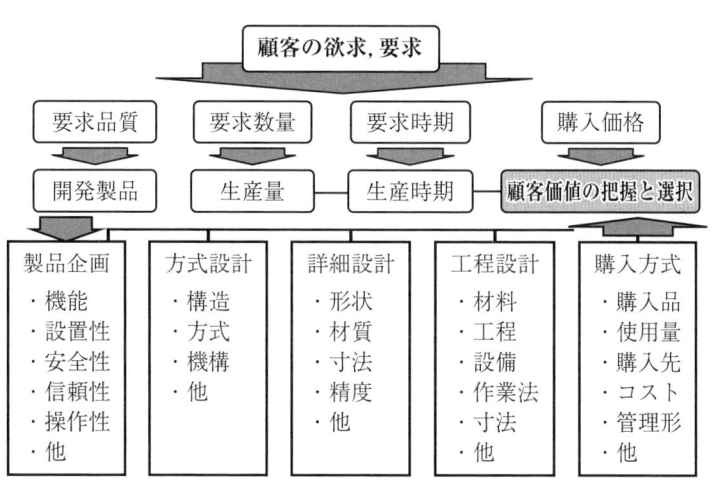

図表 1-11 商品化プロセスとその内容

幸之助が説いた水道哲学の実践である．プラス成長下では，物財の普及，横並び消費など多くの量を販売すること，多くの量を作ること，その仕組みを構築することなど，マスを基軸にした視点でモノの開発，製造，収益管理が行われてきた．いかに多く売れるかが商品開発のキーポイントであった．

しかし，情報社会が定着するにつれ，パラダイムは変わったのである．価値観の多様化，流動化はますますこの様相を顕在化させてきている．

図表 1-12 はこの概念を示す．工業時代におけるメーカ中心のマーケティングによるニーズ把握は，ユーザを消費者の視点で認識し，消費者に，より効率的に商品を届けるにはどのような仕組みが必要かを検討してきた．家電特約店，保険特約店，化粧品特約店などメーカ所属の特約店制度はその典型例である．商品化における発想のスタートは生産側にあった．それゆえ，マスで思考する必要があったのである．

情報社会における商品化のスタートは，価値観の多様化，流動化，ボーダーレス化に起因してユーザ（個客）に移行してきた．個々人の生活者欲求としての情報発信が商品化のスタートとなったのである．ネットワーク構造が，これを加速させた．

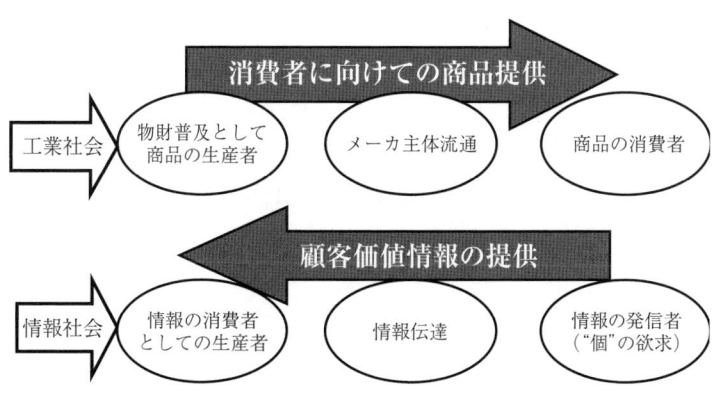

図表 1-12　"個"に向けての商品化管理

この視点に立つと，企業における商品化の管理形態を，ユーザ個々人からの情報発信をスタートとし，ネットワークを活用したニーズの把握と，それに適合するような商品化の仕組み，システムの開発，構築に移行する必要がある．

つまり，メーカ主体での量を意識した商品化管理形態からの変革である．

今日の企業間競争は魅力ある商品主体の競争だけでなく，いかに個々の顧客に適合したモノやサービスを迅速に提供できるかが重要になってきた．このことは個人顧客，企業顧客両方にあてはまる．個々の顧客に合わせた商品満足度の提供度合（顧客価値）が競争条件として最も重要な役割を担っている．

経営変革は早急に，大胆に実践しなければならない．そこには"価値"を基軸とした方法論，価値創造経営の施策が1つの解決策と考えられる．

参考文献

［１］手島直明：『明星大学情報学部記念紀要』，明星大学，2004 年．
［２］藤田恒夫：『経営情報基礎論』，酒井書店，1998 年．
［３］星野芳郎：『技術と文明の歴史』，岩波書店，2000 年．
［４］荒木久義，牧田幸裕：『ユビキタス革命』，日経 BP 企画，2001 年．
［５］富岡　健：『日本は 10 年後こう変わる』，中経出版，1992 年．
［６］ODS マネジメント研究会報告：『90 年代型企業の条件』，PHP 研究所，1989 年．
［７］手島直明，秋庭雅夫二：「消費者の品質向上期待に対応する製品設計技術の適用方式に関する研究」，『開発工学』，1992 年前期号．
［８］長谷川慶太郎：『日本はこう変わる』，徳間書店，1986 年．
［９］堺屋太一：『時代が変わった』，講談社，2001 年．
［10］堺屋太一：『凄い時代』，講談社，2009 年．

第2章　価値創造経営の構造

2.1　企業価値の構成

　企業を取り巻く環境が大幅に変革しているなかでは，当然企業は先行的に変革していかなくてはならない．変革の基本的視点として利益確保の考え方がスタートとなる．企業は利益を直接の目的とするものではなく，社会に貢献することが目的であることは当然である．しかし，しばしば利益を企業の目的と考えてしまう．利益は社会に貢献した結果として得られるものである．

　すなわち，企業は，社会に貢献できるモノやサービスを提供するための価値創造体の一要素とも認識でき，社会環境，経済環境，競合環境などの変化に対応して活動している組織体であるからだ．

　企業には4つのステークホルダーがあり，それぞれに貢献し，関連を持っている．第1は，顧客に向けて安心，安全な商品を提供，第2は投資に対する株主への貢献，第3は従業員への満足いく処遇，第4は社会，地球環境への貢献である．

　4つのステークホルダーに貢献した結果として，利益の増大と企業の発展を図る視点がある．単に利益だけを追求するのが企業の目的ではない．

　企業利益のみを追いかける企業，他企業に勝つことのみに注力した企業，社会貢献に役立たない企業などはその存在をますます強く否定される．

　利益は企業内部のみで生み出されるものではない．顧客や社会と呼ばれる外部環境，取引先，商品や部品の授受を初めとするステークホルダーにより生ま

れるものである（図表2-1参照）．

　ステークホルダーが利益の源泉であるならば，自社企業を含めてステークホルダーにとって利益をもたらすものが，企業活動の目的と考えることもできる．この目的を達成させる戦略論，方法論として企業価値概念が2000年代以降，注目を集めている．

　企業価値は図表2-2に示すようにステークホルダーとの関係で，商品価値，人材価値，株主価値，社会価値で構成されると考える．これらをそれぞれ高める方策が顧客や社会に受け入れられ，結果的に企業価値を高め，企業の利益確保と継続的発展に結びつく．

　それぞれの価値は図表2-2に示されるように"得るもの"と"支払うもの"で構成され，価値はこのバランスで把握できるとする考えが，本著の価値概念である．商品価値，つまり商品なりサービスの提供と引き換えに代金，または

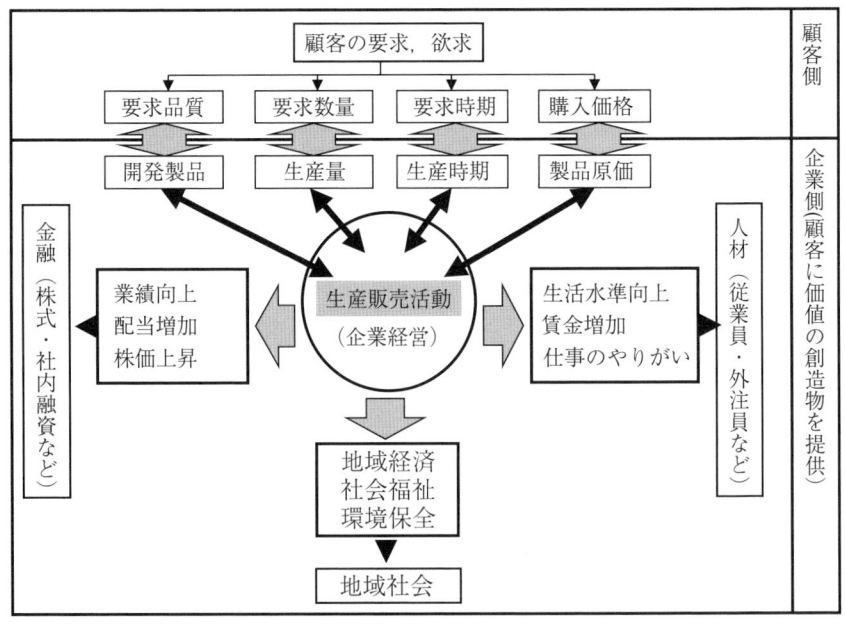

図表2-1　企業とステークホルダー

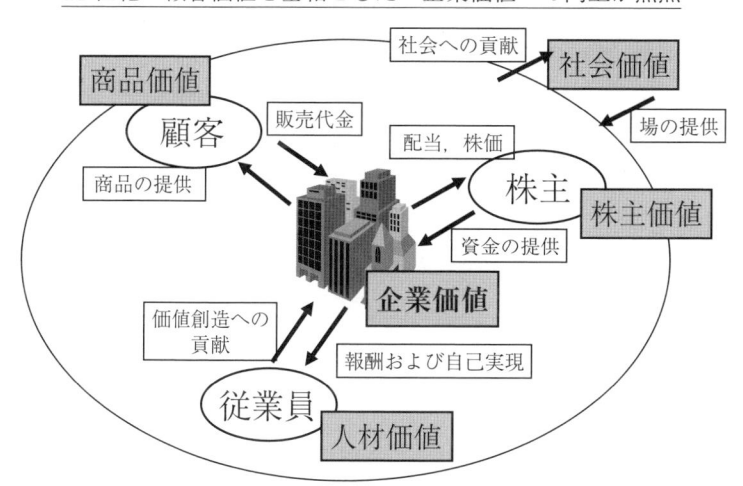

21世紀は顧客価値を基軸とした"企業価値"の向上が焦点

図表2-2 企業価値の構成

類似するものを得る．いくらコストをかけて製造した商品でも高く売れるとは限らない．期待する機能や性能を保持する商品でも，売価との折り合いで購入の意思決定がなされる時代である．またいくら安くても安全性に疑問がありそうな商品は購買対象にならないし，高くても安心感が得られる商品は積極的に購入されている．

そこに顧客が認識する価値概念を受けての商品化思考が必要となる．売価設定（プライシング）が盛んに企業内で注目されてきているのは，これを踏まえてのことであろう．

人材価値は，企業従業員の報酬に対して，その人材がどれほど企業価値の向上に貢献したかの比と考える．報酬には給料，ボーナスなどの金銭面，厚生施設などの環境面，仕事のやりがい，自己実現に対する場の提供などが含まれる．これに見合った成果（企業貢献，直接的には顧客価値の向上）を出す従業員は人材（人財）価値と認識される．逆にこのバランスが悪く，成果が低いか，報酬が高すぎる場合はリストラ（人材再構成）要員となる．このことは過去も存

在したのであるが，時代の変化はよりシビアに，かつ定量的な評価管理を余儀なくしてきている．ここに人材価値概念の導入の必要性がある．

　株主価値は，株主などが提供する資金と企業からの配当金や株価の値上がり益などとのバランスで評価される．株主価値が高まれば資金調達や企業ブランドの向上に結びつく．

　社会価値は社会からの場の提供，従業員の安定確保などに対して企業側からの納税や，環境保全，地域施設の提供などとのバランスで評価する．

　これらの価値を向上させるための経営構成をバリュー・ベースド・マネジメント（Value Based Management）と呼ぶ（図表2-3 参照）．

　バリュー・ベースド・マネジメントの仕組みを効果的に機能させるためには，価値創造経営のサイクルを回す必要がある．サイクルのスタートは人材価値を評価し，環境変化に先行的に対応した能力向上のための再教育や再配置である．この人材をもって顧客価値を見据えた商品価値を創造，開発し，市場に評価された結果として株主価値が高められる．企業の活性化は社会価値を高めることになり，地域の活性化に結びつく．結果として適切な人材の確保に結びつく．それは人材価値のさらなるグレードアップにつながり，さらなる商品価値の創造が可能となる．この人材価値，商品価値，株主価値，社会価値の流れを企業

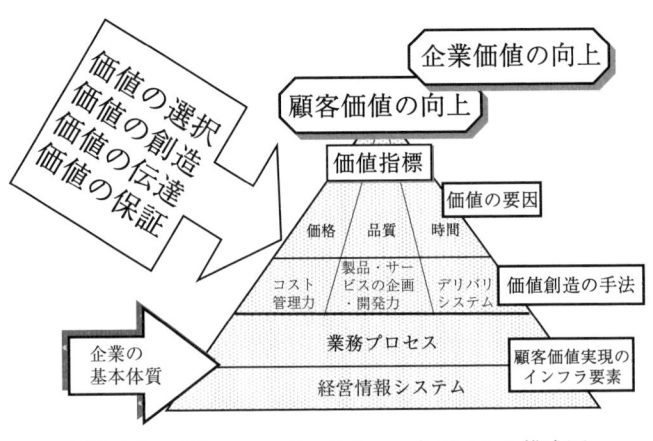

図表2-3　バリュー・ベースド・マネジメント構成図

価値創造の経営サイクルと呼ぶ．

2.2 価値指標を活用した経営モデル

　企業が「価値」（社会にとっての利益）を創造し，その結果として「利益」（企業にとっての価値）を得る構造が企業体と理解できる．工業時代，プラス成長時代においては，社会（顧客）が要求する商品を作り，それで利益を創出することが企業の目的にかなうと考えられてきた．それゆえ，従来の経営基本モデルは図表2-4に示される構造をとり，"いかに作るか"が主体のモデルと認識できる．

　企業は原料や材料を，労働力をはじめとした生産要素を使って人びとに役立つ製品やサービスに転換し社会に提供する役割を果たしている（図表2-4）．この限りにおいては，企業はまさに商品やサービス（価値）の創造者であり，企業活動が増大すればするほど社会は豊かになる．社会はその見返りとして企業に対して利益を与え，その活動の発展を支援する．これがこれまでの基本的な企業活動である．このときの管理指標が時間，品質，原価であり，製品やサービスを提供することが社会に向けて企業の目的状態を意味していた．

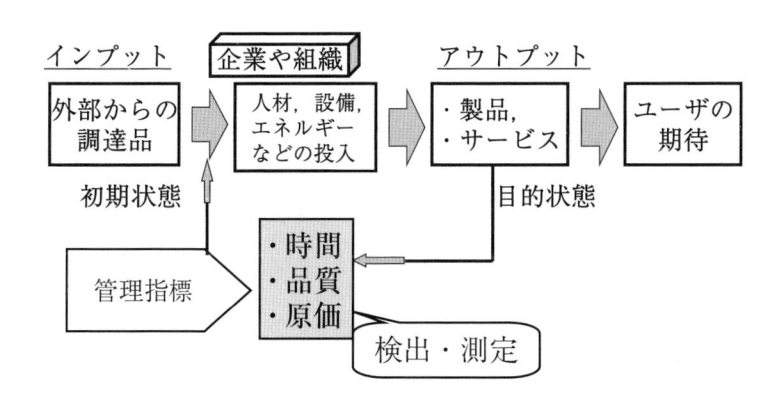

図表2-4 いままでの経営基本モデル

このように企業活動が，単に商品やサービスを創造するだけであれば問題は簡単だが，前述のごとく，情報時代，マイナス成長，成熟化社会が共振している今日，企業は，顧客価値の重視，地球資源の活用性，産業廃棄物，顧客満足度などを考慮に入れた社会の利益を総合的により強く考えなくてはならない．

原料は結局のところ天然資源の消費につながっていく．その意味では「自然の消費」であり，地球環境の破壊である．また労働力などの生産要素は社会資源というとらえ方ができる．人手を活用した時代には，企業が働く場を提供することは社会にとっても意味があった．

しかし今日では，ある企業なり，ある目的に使用する資源，資金，人材は他の目的には使えなくなるおそれがある．これは「土地」についても同様である．つまり，企業が経営資源として社会資源を取り込むことは，社会的に機会損失の発生という側面をもっている．

さらに，モノやサービスを社会へ提供することは「文化形成」の意味もある．テレビや洗濯機の普及はわが国の文化を大いに変えた．

しかし，1990年代以降時代は変わったのである．情報時代に対応した経営方式を模索しなくてはならない．図表2-5に価値指標導入による経営モデルを示す．

社会や顧客が個々人の価値観を重視する環境下においては企業は，社会に提供する商品やサービスの提供を目的とするのではなく，顧客価値をどう把握し，それを商品化に結びつけるかが経営の焦点となる．そのため，経営管理指標として価値指標の導入が必要となってきた．情報時代の経営基本モデルとして意識する必要がある．このような経営方式を遂行するためには，顧客の要求と情報伝達と意思決定の関連，顧客を意識した業務や作業などの意識を変革する必要がある．

2.3 価値連鎖経営

企業における商品化プロセスには，商品企画，製品開発，設計，部品調達，

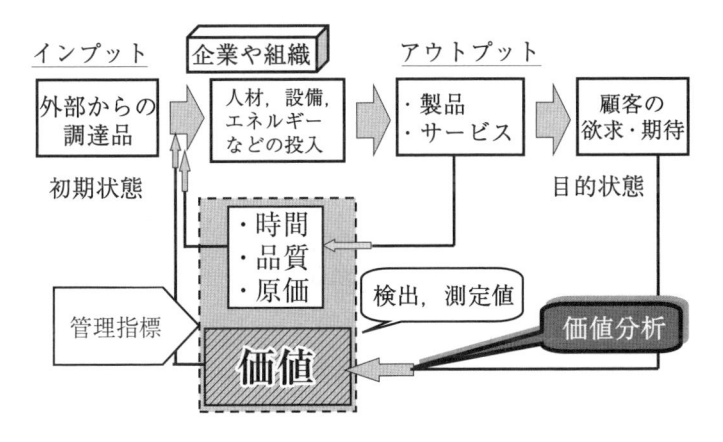

図表 2-5 価値指標導入による経営基本モデル

製造，物流，販売などの機能が存在する．従来，日本の代表的企業は基本的にこれらすべてを自社（またはグループ）内でまかなってきた．部品，材料もしばしば系列化されたグループ企業からの調達が主体であった．各機能間には協働における効率的かつ十分な情報交換，情報流通が必要となる．系列化，グループ内生産は，この情報交換をスムーズに行うための有効な方策であった．反面，分業における機能ごとの生産性，効率を犠牲にしてきた面は否定できない．

デジタル革命により情報交換が急速に発達してきた結果，クローズド（企業内，企業系列，下請関係など）な関係でなくても，例えばインターネットを使って素早く情報は交換できる．そのため，最適な分業による協働体制をグローバルな視点で考えることができる時代となった．企業間での情報交換手段の効用が高まり，達成機能の定型化を試行しながら価値の高い専門企業に外部委託とする構造化である．

自社の中核（コア）機能は何かを十分議論したうえで，その分野の企業価値を高めることに力を傾注する．そのうえで，顧客に提供する商品の最適化を図る．つまり顧客価値をどう達成するかについて，企業内にとらわれることなく，グローバルな視点で議論することになる．図表2-6にその関係を示す．企業価

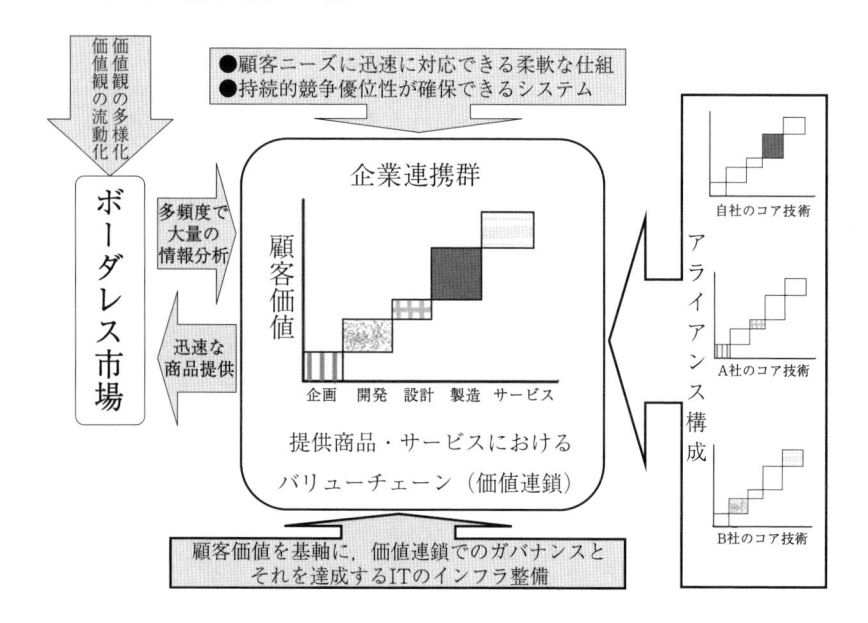

図表 2-6 価値連鎖(バリューチェーン)経営体系

値を考えることがコア経営の行き着くところとなる.

　アウトソーシング, e ビジネス, ネットワーク企業などの概念はこのことの具現策であり, 顧客価値達成に向けてより高い企業価値を有する企業連鎖が, 情報時代経営の根幹となる.

　企業内においても同様の価値連鎖の発想が期待される. 経営は各従業員が個別に働く場合の単純合計を上回る価値を生み出さねばならない. シナジー効果を発生させるための分業と協働が必要である. 分業は各従業員の適性や能力に応じた分担や専門化による知識や技能の集積を促す. 分業化され, 集積された各機能が目的達成に向けて効果的に協働させることが経営の条件である. このときの判断指標は効果や効率ではなく, 今日では「価値」が評価指標となるのである.

　個々の従業員が企業の最終目的に向けて価値を最大化する努力が価値指標を

導入した役割となる．従業員が，各自の仕事に価値を意識するためには，いま担当している"仕事の機能は何か，その目的は，自分の仕事の顧客は誰か，何か"を明確にする必要がある．図表2-7に企業教育担当者の価値連鎖例を示す．

価値指標を導入した経営の最大要因は，変化に応じた顧客価値の把握とその創造である．これは，スピードが命だ．限りなくタイムラグのない経営．生活者，顧客が欲しいと思っているものを瞬時に提供することこそが，現代の企業が生き続けるための最大のポイントであろう．

過去（1980年代），企業戦略の中心は「安価な仕入ルートの確保」や「生産ラインの構築と人員の合理化」「オートメーション化」「大量生産とその品質管理」などにあった．すべてのシステムがプラス成長，大量生産を前提として成り立っていたからである．広大な敷地に工場を作り，オートメーションの機械を導入する．何十年という時間単位で同じ製品を製造し続け，資本を回収し利益をあげる仕組みだ．

しかし，変化に対応し，すばやく最適化しようとする際．工場や設備，多数の従業員，過去の業績などが手かせ，足かせとなり，時として最大のお荷物になる．価値観の多様化，流動化がますます顕在化している顧客に対して，企業

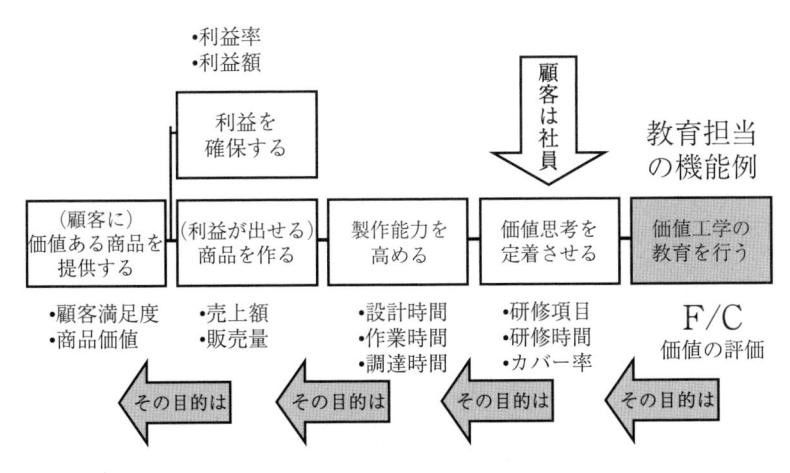

図表2-7 企業内価値連鎖（教育担当者の例）

はこの一番不得意なことを解決しなければならない時代である．

そこで，顧客の欲求に合わせて生産方式をすばやく変化させ，顧客価値を達成するために，価値連鎖の概念が必要となる．価値連鎖とは，さまざまな企業，事業所と連携をとり，それぞれの分野において価値の最大化を模索しながら結合し，顧客価値を満たす商品を創造していくことである．「当社はどんな機能を社会に提供するのか」，「その顧客は？」，「いまの商品や事業が顧客価値を達成するための最適手段か」を問い直し，事業の選択と集中を実践するための価値連鎖である．

商品プロセスの機能ごとに価値を判断基準とし，その連鎖による経営形態をとれば，無駄な待ち時間が回避され，顧客のニーズに瞬時に対応できる．さらに，価値連鎖の活用により誰にでもビジネスチャンスが与えられる．

大きな工場や設備，大勢の労働者や大規模な在庫を必要としない，誰もが気軽に参入でき，昨日までの顧客が明日の起業家となる世界．限りなく互換性のある価値連鎖の企業形態が要求されている．

この指とまれ形組織を標榜するような仕組みが，電子ネットワーク上，先進企業などでは経営形態として育ちつつある．顧客はネット上で安くて手軽な商品（個客にとって価値ある商品）を世界中から物色する．ネットに対応したメーカは直接小売店からのデータを集めてマーケティングし，顧客の「こんな価値のある商品が欲しい」という欲求を価値連鎖の企業群によりデザインし，生産し，納品することをタイムリーに具現化する．この方向に向けて各企業は動き始めた．そこでは，唯一顧客価値の達成のみが競われる社会の到来が意識されている．

2.4 顧客価値経営（逆ピラミッド型経営）

わが国の生活者意識が戦後，枯渇物資の充足願望の時代から，人なみの生活の要求，さらに優越感，差別感が得られるモノの要求に変遷してきた．90年代初期まで続く大量生産，大量消費の時代はこの視点で経済，社会が成立して

2.4 顧客価値経営（逆ピラミッド型経営）

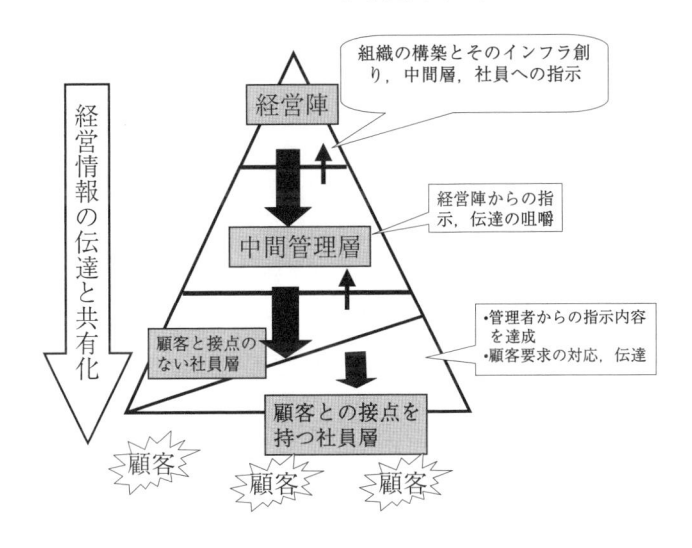

図表2-8 ピラミッド型経営体系（従来型経営体系）

［図中テキスト：経営情報の伝達と共有化／経営陣／中間管理層／顧客と接点のない社員層／顧客との接点を持つ社員層／顧客／組織の構築とそのインフラ創り，中間層，社員への指示／経営陣からの指示，伝達の咀嚼／・管理者からの指示内容を達成 ・顧客要求の対応，伝達］

いた．わが国における社会，行政，企業などの仕組，体制はこの間にほぼ完成した．これがピラミッド型（規格大量生産型）構造である（図表2-8参照）．

一方，高度情報化に伴い，マズローの欲求五段階説に準拠して生活者の欲求は進展し，今日は本音の時代，個々人のわがままの時代となってきている．各自が高度な情報を踏まえて自分流の生き方を模索しはじめたのだ．

自分流の生き方に行政，企業が対応するには，個々のわがままを受け入れる仕組み，体制への変革が必要である．生活者のわがままをいかに組織（企業，行政など）がサポートするかの観点，認識が必要であろう．

高度情報化に伴う諸現象が共振している現実を考えると，情報時代のいまは，過去の延長思考では対応できない状況にある．急激に各自の意識を変革すべきだ．だが，現実的にはなかなか難しいことも事実である．

問題を難しくしているのは，企業においても行政においても対応施策の立案などは，「既存のプレーヤー」の状況を見て，その意見を聞くことが重視されるためである．しかし，「既存のプレーヤーの状況や意見が重視される」とい

うことは，どうしても「既得権を有する者」の声が大きくなるということでもある．技術や環境が大きく変化する際に，既存の企業や行政の従事者は，どうしても「守り」に回る．このため，変革に向けての対応策も「現状維持的」になり，新しい時代への適応が遅れがちになる．時代に合わせて変革するには，無意識に既存の状況を肯定しがちな現実を打破するところからスタートしなければならない．

情報時代においては，行政も経済も企業も，さらに，商品やサービスも従来の枠組みの延長では完結しない．そして旧来の発想を抜け出せない前例主義では立ち向かえなくなっている．にもかかわらず，今の状態は旧態依然の内向きの対応が目に付く．

"モノ作り"ひとつとってみても，時代としての新たなパラダイムのもとに体制を模索，構築せねばならないのだが，史上最高とまで言われた工業社会（規格大量生産型工業社会）の経験，知識の延長線上でIT革命以降の市場変化への対応方法を模索しがちである．パラダイムシフトの認識を確実に踏まえたうえで，生活者の視点（顧客価値）でモノ作り体制を再構築すべきであろう．

国が，企業が，組織が豊かになることが，そこに所在する者の豊かさへと結びつくとする価値観をベースとした体質，体制，仕組みから，個々人の豊かさ追求のために，企業が，社会が，国が何をなすべきかを考える時代に移ってきているからだ．

このことはモノ作りの原点である顧客を，消費者としてではなく生活者としてとらえる意識改革を起点にして，経営体制を再構築すべきである．これには，経営体系をピラミッド型から逆ピラミッド型に移行すべきであるのだが，なかなか進まない．

今日の社会，経済，産業は図表2-9に示すように逆ピラミッド経営体系への移行期と考えるべきである．工業時代，プラス成長時代におけるピラミッド型社会構造から情報時代の経営体系は，生活者を主体とし，そこに行政や企業がどう支援していくかとする逆ピラミッド型社会への変革であるとすると，今日のさまざまな場面での混乱や改革の停滞，独裁的な見切り発車現象が発生して

2.4 顧客価値経営（逆ピラミッド型経営） *31*

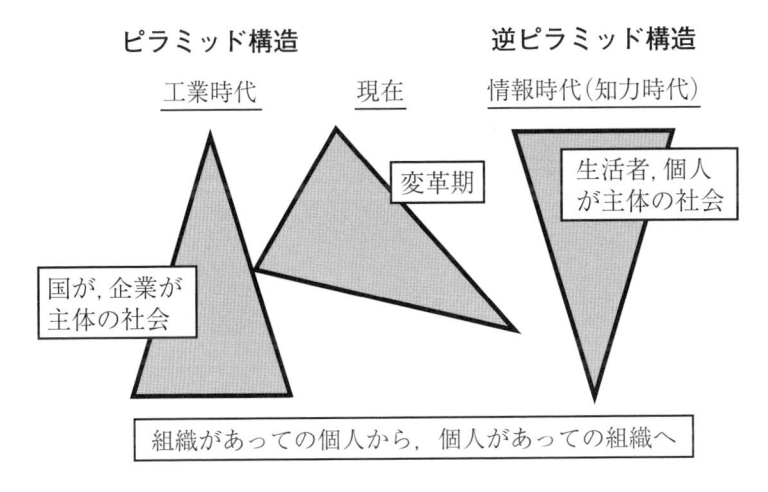

図表 2-9 変革期の認識

いることも移行期としての認識に立てば理解できる．

　ピラミッド型社会に適応して今日それなりの地位を得ている人（21世紀に入った現在においても企業，行政官庁，政治家などの上位意思決定者はほとんどがこれらの人であると推測される）は逆ピラミッド社会の本質をなかなか理解できない．これは，たぶん能力的な問題ではなく，無意識の意思決定反応であろうと思われる．

　図表2-8のようなピラミッド型社会に適応し，今後もそれで社会に貢献できると考えている人と，情報時代の視点で，あらゆる構造，社会，企業，行政などのあり方を，原点発想で再構築することを強く望み，その方向で行動を起こしている人，起こそうとしている人が存在する．この両者のせめぎ合いが21世紀初頭に社会的，政治的，企業的混乱が起きている根源と推察できる．

　逆ピラミッド型社会への意識変革とその対応を個人，企業，社会，国は早急に実践しなければならない．このことが，強く望まれている．

　顧客価値向上（CS（Customer Satisfaction）マネジメント）や企業価値創造経営がとみに叫ばれているのも，そのためであろう．

　生活者，個人が主体の社会を実現するには，常に顧客の行動を注視し，情報

収集を行う部門，直接に顧客とかかわる部門，顧客価値を肌で感じるとる部門などが前面で行動をとり意志決定できる体制への変革が必要である．

その体系を図表 2-10 に示す．顧客の欲求情報を先行的につかみ，それを達成するために直接的に顧客とかかわりをもたない関連部門がどう支えるか，管理者はどのように支援し，経営者はどのようにバックアップするかの構造変革体系である．この場合の情報伝達のキーワードとなるのが価値を指標化した顧客価値である．この顧客価値を基軸にして情報を共有し，これを達成するために何を創造するかを考える体制が，逆ピラミッド組織（体制）と言える．

業績を伸ばしている，あるスーパーマーケットチェーンの社長がいみじくも話していた．「売上を気にするな，顧客の要望に対して『面倒くさい』『売上にならない』などという従業員は当社にはいらない．このような従業員が多いスーパーからつぶれていく」．まさしく顧客価値を把握し，それに先行的に対応していく体質の変革をなしつつある．

生活者，個人が主体の社会に対応するには，高度情報化，成熟化，マイナス成長が共振する社会潮流を踏まえることが前提となる．そのうえで，あらゆる

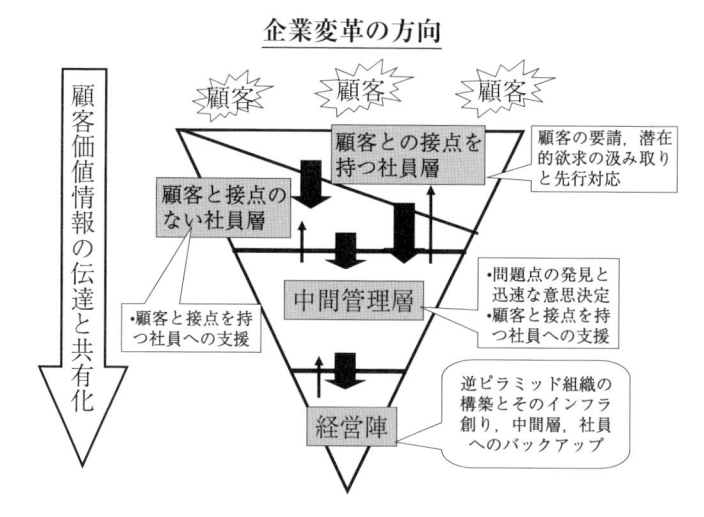

企業変革の方向

図表 2-10　顧客価値を基軸とした経営体系

対応発想のもととなるのが，生活者（顧客）の視点に立って多様化，流動化する価値認識（顧客価値）を先行的に把握して，誰もが意思決定を行なえる逆ピラミッド・パラダイムの構築である．それゆえ，顧客価値の定量把握とその商品化構造は意義を持つ．この点については，姉妹書，『実践　価値工学　応用編』（以下，『応用編』）で詳しく解説しているので，参照されたい．

参考文献

［1］土屋守章：『現代企業入門』，日本経済新聞社，1998年．
［2］日本経済新聞社：『経営入門』，日本経済新聞社，1994年．
［3］手島直明：『明星大学情報学部10周年記念紀要誌』，2004年．
［4］手島直明，秋庭雅夫二：「消費者の品質向上期待に対応する製品設計技術の適用方式に関する研究」『開発工学』，1992年前期号，日本開発工学会，1992年．
［5］池永謹一：『IE概論』（IEセミナーテキスト），日本科学技術連盟，1992年．
［6］飛岡健：『日本は10年後こう変わる』，中経出版，1992年．
［7］ODSマネジメント研究会：『90年代型企業の条件』，PHP研究所，1989年．
［8］浅居喜代治：『ファジィ経営科学入門』，オーム社，1992年．
［9］主査，手島直明：「2000年代に向けてのVEの展望」，日本VE協会，1994年．
［10］手島直明：「バリュー・ベスト・マネジメントの提言」，バリューエンジニアリング，1999年．
［11］手島直明：「価値分析／価値工学の新たな展開」，クオリティマネジメント，2005年．
［12］秋庭雅夫：「顧客満足への取組み」『経営システム』，日本経営工学会，2008年．

第3章 価値の定義と価値工学

3.1 経営における価値指標の役割

　価値概念は，何を価値あるものと考えるべきかという「主体的実践の指針としての価値概念」と，他人，顧客などは何を価値あるものと考えているかという「客観的対象としての価値概念」とに分かれる．経営の管理指標としては後者が対象となる．

　この後者の「客観的対象としての価値」には2つの異なる意味をもつ．1つは，特定対象（客体）の効用度合であり，もうひとつは，この特定対象（客体）を所有することによってもたらされる，他の財貨に対する購買力である．前者には使用価値，貴重価値，美的価値などがあり，後者には交換価値，コスト価値，希少価値などが該当する．

　また，分野を切り口にした経済的価値，道徳的価値，宗教的価値，司法的価値，政治的価値，社会的価値などの分類も考えられる．本著では，これらのなかより企業価値，顧客価値の視点から効用の度合に力点を置いた価値概念を対象にしている．

　価値概念を経営指標として活用させた代表的な手法に，L. D. マイルズ (Lawrence D. Miles)によって開発された価値分析がある．彼は製品の機能（働き）を追求し，同じ働きをする安価な製品や部品を調達，または再設計すること（機能分析）により製品の価値を高める手法を1947年に開発し，これをValue Analysis(VA：価値分析)と命名している(今日ではValue Engineering：

VE：価値工学が多用されている）．しかし，これは製品の原価管理に視点を置いた価値指標の活用構造が主体である．

この手法を踏まえ，社会構造が価値観の多様化，流動化の急激な潮流のなかで，経営体質をどのようにシフトしていくかの目標設定として価値を定量的に把握し，これを変革の指標とすることは情報時代の経営における重要な視座となる．

そこで図表1-3に示したように，顧客の商品に対する認識が生産価値から顧客価値に移行してきている現実を踏まえて，顧客の価値認識を先行的に把握し，それを，モノ作りをはじめとする経営の管理指標とすることが今日の企業活動において効果的であり，企業変革の有効な手法と考えられる．

つまり図表2-5に示したように，従来の基本的管理指標である「時間」「品質」「原価」に加えて，顧客の価値認識を定量化した指標を導入し，商品や企業組織，体制，仕組みの変革に活用するのである．結果的に図表2-3に示したような価値を基軸とした体制が作りあげられる．それゆえ，企業を変革するための判断，評価，行動指標として顧客を念頭に置いた"価値指標"を用いることが大きな意義をもつ．

3.2 価値の定義

"価値観の多様化，価値観の流動化"が高度情報時代のキーワードであるとすると，顧客価値の目標設定とその達成は経営における主要な方向性であろう．そこで，価値に関して整理し，定義しておく．

元来"あれは価値が高い"とか"この程度では大した価値ではない"，"あれは価値ある買物だった"などわれわれはよく「価値」という言葉を口にする．人があるコト，またはモノに対して評価，判断する尺度としての用語であろう．これは，求めるものとそれを得るために支払った犠牲との相対関係のなかで，生活体験を通して口に出しているのである．一般に言われる価値はまさにこの概念上にある．

すなわち，価値とは，主体が目的を達成するための手段としてのモノやサー

ビス機能の適合度合を表わす尺度と考えられる．したがって，それを判断する人の立場，場所，時間，動機などにより適合度合は異なる．価値を判断したり，認めたりは客観的，絶対的なものではなく相対的なものと考えられ，その状況での，その人にとっての相対的な満足の度合であると考察できる．

価値を経営管理の指標にするためには価値を定義し，定量化する必要がある．一般的な価値の定義は図表3-1に示すものがあるが，これらの定義だけでは十分に定量化できない．

また学問的にも価値概念はこれまでさまざまに定義されてきている．これらのなかより経営変革指標として著者の趣旨，活用意図に適合した定義として，本

価値とは
- 日本語大辞典（梅棹忠夫他 監修，講談社1989年発行）
1) 事物のもつ，人間にとっての意義ある性質．Value Worth
2) 経済学ので，なんらかの要求を満たす程度によって，その物に対して認められる意義．生活に直接効用をもつ使用価値と，他の財との相対関係においてもつ交換価値とがある．あたい．ねうち．Value
3) 哲学上で，真，善，美，聖の究極的意義の役割．Value
- 大辞林（松村明 編著，三省堂1989年発行）
1) 物が持っている，目的実現に役だつ性質や程度．値打ち．有用性．
「～ある品物」「～を損なう」「言及する～もない」
2) 『哲』良いものとして認め，その実現するもの．特に，真善美など，普遍妥当性をもった理想的，絶対的価値をいう．
3) 『経』商品の価値の背後にあって，それを規定しているもの．その本質・源泉のとらえ方によって客観価値説（労働価値説）と主観的価値（効用価値説）とが対立する．
- 広辞苑（新村出 編，岩波書店1991年発行）
1) 物事の役立つ性質・程度．経済学では商品は使用価値と交換価値とを持つとする．ねうち．効用．「貨幣～」「その本は読む～がない」
2) 『哲』「よい」といわれる性質．「わるい」といわれる性質は反価値論．広義では価値と反価値とを含めて価値という．
   イ）人間の好悪の対象となる性質．ロ）個人の好悪とは無関係に，誰もが「よい」として承認すべき普遍的な意味．真・善・美など．

図表3-1 「価値」用語の定義

書では，見田宗介先生が『価値意識の理論』[1]において提言された "**価値とは主体の欲求をみたす客体の性能**" という価値の定義を，価値工学（価値を定量化しこれを評価，分析，改善指標とする工学的アプローチ）の観点から一貫して活用することにしている．

この最小限に圧縮された価値の定義を上記文献では下記のように解説しているので，下記に引用する．

1) ここで「主体」とは，個人または社会集団である．
2) ここで「欲求」とは最も広い意味であって，道徳的・芸術的・社会的欲求を含むあらゆる分野において，あるものを「のぞましい」とする傾向のすべてである．〔特に，社会的な承認を得たいという欲求，（良心）の苛責をさけようとする欲求は，価値意識の2つの側面をつなぐものとして，特別な意義をもっている〕．
3) ここで「みたす」とは，直接に欲求の対象である場合（目的価値，ないし直接的価値，ないし本源的価値）のみならず，欲求をみたす手段ないし条件として間接的に「のぞまれる」場合（手段価値，ないし間接的価値，ないし道具的価値）を含む．
4) ここで「客体」とは，価値判断の対象となり得る一切のものであって，実在的・非実在的な物体・状態・事件，行為・人間・社会集団，衝動・観念・思想体系など．

以上，見田先生の価値の定義および解釈を踏まえ，本書では3.3節のような定義式を作成し，この式をベースに価値工学を展開し，経営における価値創造の概念構築とその活用構造を方法論として展開している．

上記で定義された価値の主体は大きく2つある．一つは個人であり，もう一つは集団（家族や組織，地域社会など）である．個人の価値と集団としての価値は当然異なる場合がある．そのためには価値を判断する主体がどちらであるかを認識する必要がある．さらに客体の価値を，今，即座に認識，判断するのか，先を見て判断するのかで異なる．

これらを体系化し，評価軸として表示したのが図表3-2である．図表に示す

時間軸 主体の欲求	客体の性能	
	即時的な 価値判断	先を見た 価値判断
個人 (個人の価値判断)	快楽―苦悩	利益―利害
集団 (組織、集団の価値判断)	愛情―憎悪	正義―邪悪

図表 3-2　価値の認識，判断体系

ごとく，自己が客体を即時に価値判断する視点はどれだけ"楽か"，つまり，快楽―苦悩の軸である．同様に個人が対象とする客体を，時間軸で先をみて判断する軸は利益―利害である．今勉強することが苦痛と考える人が将来を考えて勉強の効用を価値判断するなどはこの例であろう．年金の掛金を払うか，払わないかの判断もこれに順ずる．

集団の欲求に対する価値判断の軸は個人のそれとは異なる．即時には"愛情―憎悪"の軸であり，先を見た判断には"正義―邪悪"の軸である．企業は利益を評価，判断軸とするのではなく，利益は結果であることを示唆している．

長年のプラス成長，工業時代における経営形態や社会環境の固定化が，この評価，判断軸を忘れさせてきた結果，今日の混迷をきたしているとは考えられないか．勝つか，負けるか，損か，得か，利益か，赤字かなどの軸で評価，判断することを了とする風潮に翻弄されてきたことも事実である．価値創造経営を模索，構築するためには図表3-2を意識して，価値創造経営を遂行すべきと考える．

3.3　価値の算出式

価値は，言語的表現から実際の行為までのさまざまな主体の行動から推定さ

れるもので，観察できるものではなく，いわゆる構成概念である．この構成概念を客観的に把握する手法として価値概念の定量化，指標化がある．価値の工学的展開とは，価値の構成概念をいかに測定可能化し，これをベースに論じることにある．

主体のもつ価値の強さ，大きさは価値指標（Value indicator）と呼ばれる行動の観察あるいは測定を通じて推定することができると考える．

そこで，価値の強さは，(1) ある行動やモノが入手される頻数 (2) この欲求の強さ (3) この欲求の広がり（範囲）から推定することができる．このように考えると，価値（指標）は，価値概念を分解した因子項目に回答を求めることによって推定されよう．

上記を念頭に置き，価値概念を定量化するには主体の行動要素を因子に分解する必要がある．そのためのスタートが基本的な価値算出式の設定となる．価値とは"主体の欲求に対する客体の性能"であるとの定義から，欲求の大きさに客体の性能がどれほど適合しているかの度合が，主体における価値の大小と判断する．そこで，上記の定義を次のような割り算で表現することにした．

$$\text{価値} = \text{客体の性能} \div \text{主体の欲求} \cdots\cdots\cdots\cdots\cdots\cdots\cdots\cdots\cdots\cdots 1)$$
$$\text{価値} = \text{達成手段} \div \text{目的機能} \cdots\cdots\cdots\cdots\cdots\cdots\cdots\cdots\cdots\cdots 2)$$
$$\text{価値} = \text{得られる効用} \div \text{支払う犠牲} \cdots\cdots\cdots\cdots\cdots\cdots\cdots\cdots 3)$$
$$\text{価値} = \text{客体の機能，性能} \div \text{ライフサイクルコスト} \cdots\cdots\cdots 4)$$

この式をベースに，本書における価値は，常に割り算で表現する．

さらに主体が価値を認識するのは主体の欲する目的に，今考えている手段がどのくらい適合しているかの度合であると判断できる．主体が期待する目的を達成するために，主体はどの程度の犠牲をがまんできるか，そのがまんの度合すなわち犠牲の大きさと，それによって得られる効用とのバランスにおいて，どの程度の満足を得ることができるか，否かが，価値がある，ないとの評価基準と考えることができる．

さらに，製品なりサービスが保持している機能（広義に性能，特性なども含む）とそれを得て活用するためのコスト（ライフサイクルコスト）との比もこの延長線で同様に価値と考えることができる．上記1）から4）式に示される算出式は経営指標として，活用局面において使い分ける．

上記式を踏まえ本書では，価値の定量化にあたって顧客価値，商品価値，製品価値，部位価値の用語を使用し，その算出式を定義している．そこで，これら価値用語の概要を整理しておく．

図表3-3のように顧客が期待し，商品を使用して受容する価値が顧客価値である．これは顧客が感じ，認識するものであるから不要な機能の具備や欲しい機能や性能，特性がその商品に備わっていなければ顧客は不満をもつ．さらに，顧客のそれぞれは，異なる価値認識をもつ．価値観の多様化，流動化はさらにこの現象を顕在化させている．

企業はこの顧客価値に対応する商品を創出するのが使命であるが，個々の顧客に対応できる商品を個々に作るのは非常に難しい．そこで，商品の価値をい

顧客価値を基軸とする思考変革

商品　　　顧客

無価値 → 社内における損失

ユーザにとっての不用機能 ← 無価値

商品価値
（製品価値，部位価値を含め，企業が提供する価値）

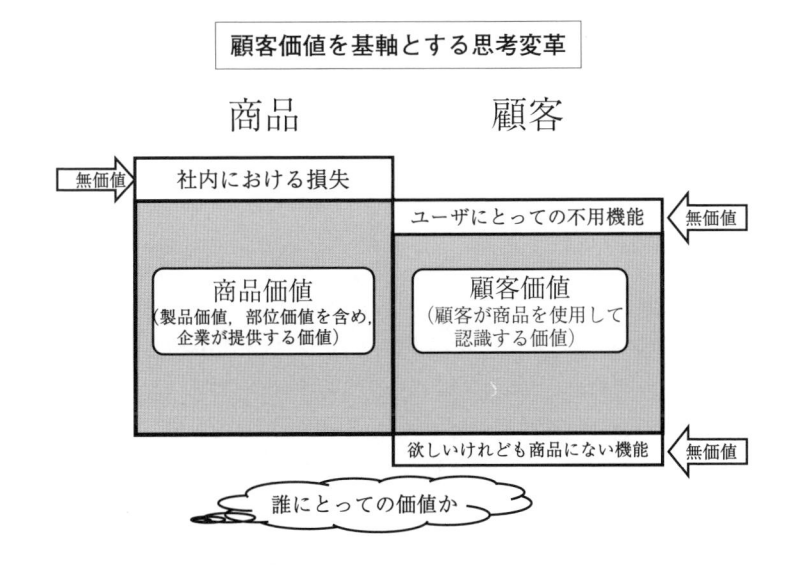

顧客価値
（顧客が商品を使用して認識する価値）

欲しいけれども商品にない機能 ← 無価値

誰にとっての価値か

図表3-3 顧客価値と商品価値

かに顧客価値にいかに近づけていくかを検討する過程で導入する価値概念が商品価値である．

この商品価値を達成するためにどのような手段（製品）を創造するか，具体的方法は，などを検討する過程で導入する価値概念が製品価値，部位価値である．商品価値，製品価値の活用構造は『応用編』で述べる．

上記1）～4）式の価値概念を企業が提供するモノ（製品，部品やサービス）との関連で定義し，顧客価値を見据えての商品価値，製品価値，部位価値の算出式となる．商品価値に関しては図表3-4に示し，その活用構造は『応用編』第1章，第3章，第4章に記述している．製品価値については図表3-5に提示

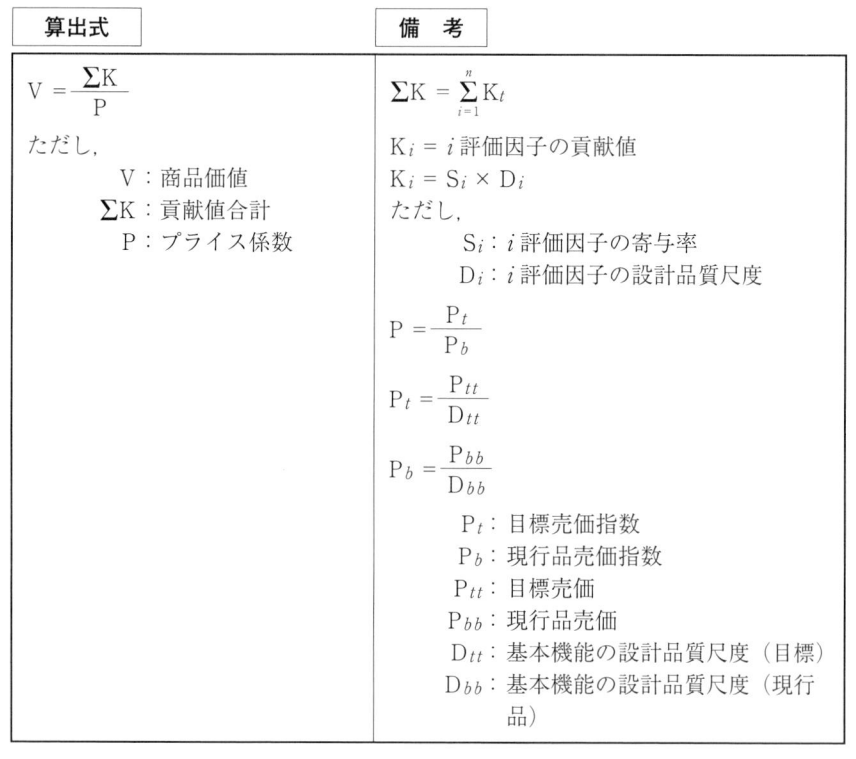

算出式	備考
$V = \dfrac{\Sigma K}{P}$ ただし， 　　V：商品価値 　ΣK：貢献値合計 　　P：プライス係数	$\Sigma K = \sum_{i=1}^{n} K_i$ $K_i = i$ 評価因子の貢献値 $K_i = S_i \times D_i$ ただし， 　S_i：i 評価因子の寄与率 　D_i：i 評価因子の設計品質尺度 $P = \dfrac{P_t}{P_b}$ $P_t = \dfrac{P_{tt}}{D_{tt}}$ $P_b = \dfrac{P_{bb}}{D_{bb}}$ 　P_t：目標売価指数 　P_b：現行品売価指数 　P_{tt}：目標売価 　P_{bb}：現行品売価 　D_{tt}：基本機能の設計品質尺度（目標） 　D_{bb}：基本機能の設計品質尺度（現行品）

図表 3-4　商品企画段階，研究・開発段階における価値算出式

3.3 価値の算出式　*43*

算出式	備考
$V_k = \dfrac{\Sigma F}{\Sigma C}$ ただし， 　　V_k：製品価値 　　ΣF：機能ウェイト合計 　　ΣC：コストウェイト合計 註．開発段階においては，各機能ごとの価値が1.0以上になるよう管理することが目標である．	$\Sigma F = \sum\limits_{i=1}^{n} F_i$ $\Sigma C = \sum\limits_{i=1}^{n} C_i$ ただし， 　　F_i：i 機能の機能ウェイト 　　C_i：i 機能のコストウェイト $F_i = S_i \times f_i$ 　　S_i：i 評価因子の寄与率 　　f_i：i 評価因子に対する機能ウェイト $C_{tt} = P_{tt} - R_{tt}$ $C_{it} = C_{tt} \times F_i$ 　　C_{tt}：目標原価 　　P_{tt}：目標売価 　　R_{tt}：目標利益 　　C_{it}：i 機能のコストターゲット

図表 3-5　製品開発における価値算出式

算出式	備考
$V_g = \dfrac{C_{tt}}{C_{to}}$ ただし， 　　V_g：部位価値 　　C_{tt}：目標原価（値打ち） 　　C_{to}：実際原価	$C_{tt} = \sum\limits_{i=1}^{n} C_{it}$ $C_{to} = \sum\limits_{i=1}^{n} C_{io}$ $V_{gi} = \dfrac{C_{it}}{C_{io}}$ ただし， 　　V_{gi}：i 部位価値 　　C_{it}：i 部位の機能コスト 　　C_{io}：i 部位の実際コスト

図表 3-6　現行製品，部品，輸送，据付，販売段階における価値算出式

した．その活用構造は，製品開発段階への適応として『応用編』第2章に記述している．さらに，図表3-6は部位価値の算出式である．この算出式は，主に

現行製品やその部品，購入品，さらに輸送費，工事費などの原価低減に活用するものであり，第 5 章で対応する手法を述べている．

3.4 価値工学（広義）の定義とその意義

　価値工学とは，「価値的に有利な方策を探し，比較し，選択するための理論と技術の総合されたもの」とここでは定義する．

　企業が生存するための条件は，ユーザ（顧客），消費者，購入者，生活者などが期待する価値を先行的に把握し，これに対応するためにどのような方策をとったら良いかを創造し，対応していくことであろう．価値工学はこのための理論と技術であり，経営における管理技術としての重要な役割を担う．

　意識変革，ニーズの多様化，グローバル市場などへの対応，地球環境に対する配慮，高齢化社会，労働層の変質など 21 世紀のキーワードを踏まえると，少なくとも，誰にとっての，どのような観点での，いつの時点での価値観かを把握，理解することが重要となる．しかし，それが相当難しいことも事実である．

　個々人の仕事に対する価値認識は「生計を立てるためのもの」という考え方が主流とは限らなくなってきた．企業利益優先の価値観は地球環境保護を踏まえた価値観とはまったく異なる．若者の仕事に対する価値認識を，中高年は理解できない場合が多々見られる．

　明治から 1980 年代まで，経済力を高め，日本が先進国の仲間入りできるようキャッチアップすることを大きな目標にしてきた．しかし，1980 年代までとは様相がガラリと変わり，さまざまな価値観に対し企業は，個人は対応を余儀なくされてきている．そのため，これらさまざまの価値観を把握し，理解し，対応していくためには，過去の経験の積み重ねのみではもはやだめである．

　つまり価値工学とは，人間が，さまざまに判断している価値認識を定量的，客観的に把握する過程を経て，それに準拠して対応，変革，向上する一連の理論，および技術とも説明できる（図表 3-7)．

価値工学の活用は，顧客が認知，認識する価値（顧客価値）を定量的に把握し，メーカ用語に置き換え，これを商品化プロセスの基軸として商品に結びつけることである．つまり，顧客価値を探索，把握，選択して商品価値として提供する一連の工程が価値工学である．図表3-7にその概念を示す．ただし価値工学では，顧客は商品のユーザのみとは限らない．2.3節の価値の連鎖でも述べたように，次の工程も顧客である．したがって，営業部門の顧客は設計部門であり，設計部門の顧客は製造部門などとする考えである．

顧客価値を把握するためには，まず，何のための，誰にとっての，いつの，どの場所での，どのような目的に対する顧客価値かを明確にする．顧客価値を定量的に把握し，それを踏まえて，希望する（要求する）価値認識まで改善，向上させるのが価値工学の活用の考え方である．それゆえ，価値工学活用の目的（原価低減，商品企画，製品開発など）を明確にし，その時の価値を把握するための指標は何かを審議，設定し，その目的達成のためにどのような対象を選ぶかを決める．さらに，活用目的，価値指標，適用対象が明確になった段階で，適用のための方法として価値設定の5要素を把握する．図表3-8にその項

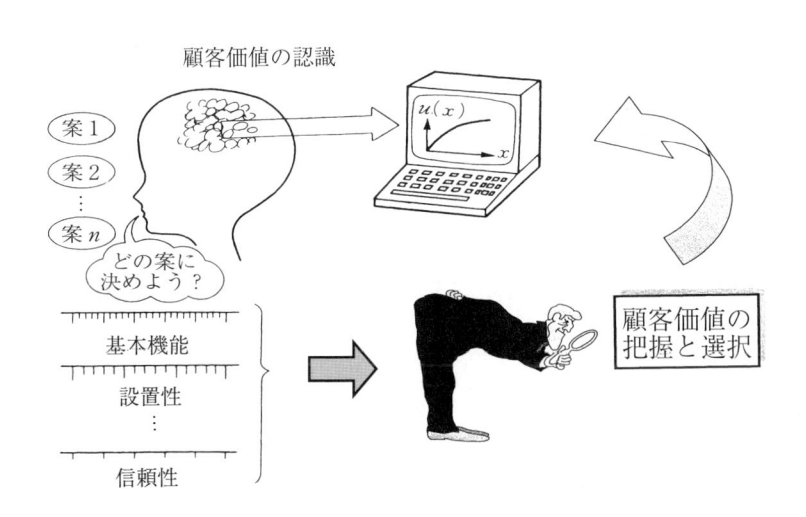

図表3-7　価値工学の考え方

目と冷蔵庫での例を示す．

　価値工学における価値とは，3.2節で解説した主体（顧客）の目的に対する達成手段の適合度合を表す尺度を評価したものである．これをメーカ側に立った商品化の視点で，下記の4段階に整理できる．

　価値の選択：顧客ごとに進化する生涯価値の把握と選択
　価値の創造：選択された顧客価値を反映したモノの創造
　価値の伝達：創造された価値を個客の視点で明確に伝達
　価値の保証：伝達された価値の使用時における保証

　価値工学はこれらの価値を立案，比較して，それを選択，創造，伝達，保証するための理論と技術の総合であると再定義できる．

　図表3-9は商品化にあたっての顧客価値の提供サイクルを示す．まず顧客（個客）ごとの，そのタイミングにおける，その場所での価値を把握し，その中から適切な価値を選択する．顧客価値は多様化され流動化されているとことから，先行的にかつタイムリーに把握する必要がある．

　価値の創造は，把握し，選択された顧客価値をメーカ（販売などのサービス業も含む）がどのような手段で達成するかの創造プロセスである．顧客が満足して購入，使用してもらえる商品にするためにいくらのコストで，どのような機能，性能，特性をもたせるかなどを検討し，製品化する．

価値設定の5要素	例
What ：どのようなモノ，コトか	食品を保存するモノ（冷蔵庫）
Who ：誰が使うのか	50代の専業主婦
When ：何時，使うのか	24時間，春夏秋冬
Where ：どの場所で使うのか	家庭用（キッチンルーム）
Why ：それは何のために使うのか	おいしい食事をする
活用目的　　価値指標	活用目的　原価低減　価値指標　$V = F/C$

図表3-8　価値設定の5要素

各段階における価値指標の設定とその活用

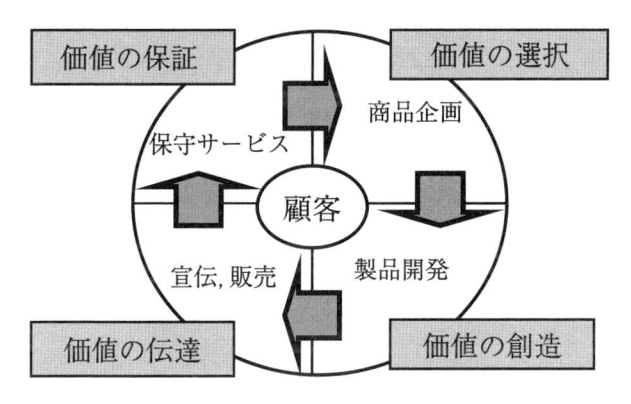

図表 3-9 価値工学の活用サイクル

	価値の選択	価値の創造	価値の伝達	価値の保証
設定項目	商品企画	製品生産	営業，商品展示，商品伝達	商品保証サービス
主な活動	顧客の期待する価値認識の把握と選択	顧客価値を満足させるための製品開発	顧客にとっての価値達成システムの伝達	顧客が期待する価値を保証する仕組
価値指標	価値＝効用÷犠牲	価値＝機能÷原価	価値＝機能÷原価 原価：価値伝達費	価値＝効用÷原価 効用：顧客期待機能
価値工学活用モデル名	・マーケティング VE ・研究・開発 VE ・サービス VE	・開発 VE ・製品 VE ・横断 VE	・営業 VE	・サービス VE ・検査 VE
担当部門	・マーケティング ・商品企画，研究	設計，資材，製造	営業，販売店	検査，修理，アフターサービス

図表 3-10 顧客価値達成過程と活用モデル名

　価値の伝達は顧客価値が取得できる商品がその顧客にとって真に価値あるものであることを対象顧客に伝える行為である．これは商品の伝達ではなく顧客側にたっての価値を伝えることに意義がある．

　価値の保証においては，顧客に渡った商品が，伝達された価値を常に確保で

48 第3章 価値の定義と価値工学

きている状況を保証することである．価値を保証する方法にはいろいろ考えられ，必ずしも修理をすることや部品交換のみではないことを認識すべきである．

　図表3-10は商品化にあたって価値の4段階がどのような活動を，どのような価値指標を用い，何に活用するのか，第5章および『応用編』に記載した活用構造のモデル名などを一覧表に整理したもので，価値の選択，創造，伝達，保証を顧客価値を基軸に実践するガイダンスである．

3.5　VE（価値工学）の定義(社)日本バリューエンジニアリング協会)

　(社)日本バリューエンジニアリング協会では価値工学（VE）を次のように定義している．

> **VE（価値工学）とは**
> ・最低のライフサイクルコストで
> ・必要な機能を確実に達成するため
> ・製品またはサービスの
> ・機能的研究を
> ・組織的に行う方法

3.5.1　最低のライフサイクルコスト

　ライフサイクルコストとは，商品が企画され，製品化されて顧客の手に渡り，使用されて廃棄されるまでに発生するトータルコストのことで，イニシャルコスト，ランニングコスト，メンテナンスコスト，スクラップコスト，リサイクルコストなど，製品に関与してあらゆる場面で発生するすべての費用をいう．ただし，最低のライフサイクルコストの追求は，1つの製品単位で最低化にとどまることなく，製品群，事業所，企業全体など，より大きな対象でその発生ライフサイクルコストを検討することをも意味している．これらのことは，最終的に地球資源の有効活用を目的としており，常にこの視点でライフサイクルコストを評価することである．

3.5.2 必要な機能を確実に達成する

　顧客が期待する品質を保持している製品，またはサービスを実現する．そのためには，ユーザ（顧客）の期待する機能およびその達成度（性能，信頼性，保守性，安全性，操作性など）はどのようなものか，それを確実に達成するためには，どのような手段が最適か，などの検討を行なう．したがって，不足機能の発見，追加と，不要である余剰機能，重複機能や過剰機能の排除が重要ポイントである．

　また，製品またはサービスには，顧客が期待する要求事項を満足させるため設計者が追加するもの，例えば，法的規制や地球環境対策などにも欠落があってはならない．こうして必要な機能を明確に定義し，それを確実に達成する手段を構築，製品化することが本定義の意義である．

3.5.3 製品またはサービス

　ここでは価値工学の対象を定義している．適用対象は，人類にとってなんらかの有益性，目的を期待して数多くの機能が有機的に結びつき構成されるシステムのすべてである．

　価値工学の対象は，このシステム全体の場合もあれば，構成する製品（ハードウェア，ソフトウェア）や部品，またこれらを生産するための設備や治工具など―「製品」に相当するものと，事務の流れ，組織，制度，作業工程，販売方法，流通，教育など，人間が大きく関与する―「サービス」に相当するものがある．つまり，企業活動のあらゆるコスト発生要因に価値工学は適用され，さらに，人間生活に関与するさまざまな"働き"，"機能"に適用されると言える．

3.5.4 機能的研究

　機能的研究とは，価値工学の重要な手法である「機能」に立脚した考え方を示している．機能とは，モノの働き，役目，作用，任務などと一般に説明，解釈されている．ここでは,対象とする製品やサービスを「機能」として把握し，それを目的と手段との関係で整理，体系化して，顧客が期待，要求する事項を

明確に認識する．そのうえで，機能を分析，評価してより適切な製品またはサービスの達成手段の構築を行うための出発点とする．

つまり，価値工学を遂行するためには"機能"の観点で分析することの意義を説いている．

3.5.5 組織的努力

価値工学を遂行するためには，その対象に関与すると思われるあらゆる専門分野の専門家が結集するとより効果的である．この専門家の集合による活動を「チームデザイン」と称し，多くの場合このチームは，設計，生産技術，購買，製造，経理，およびバリューエンジニアなどで編成される．また，このチームデザインを効果的に行なうために，常に作業手順を設定し，これに準拠して実施する．この作業手順のことを価値工学では「ジョブプラン」と呼ぶ．ジョブプランにのっとり，各ステップごとに着実にその手順をチーム全員が踏むことにより，組織力を十分発揮することができ，より価値の高い製品やサービスが構築される．

3.6 価値工学の発展経緯

1947年（昭和22年）アメリカGE社（ゼネラル・エレクトリック）のL. D. マイルズらによるアスベスト調達プロセスにおけるVA（Value Analysis）手法の開発が価値工学のスタートとなった．その後，アメリカ国防総省（DOD）はGE社で開発されたVA手法に着目し，製品開発段階，製品設計段階（国防関係機器はこの段階が主体となるため）までVA適用を進展させた．その結果これをVE（Value Engineering）と命名し，1954年に正式導入を図った．

わが国へのVE導入は，1955年日本生産性本部による訪米コストコントロール視察団が「VE」のプログラムを調査結果としてもち帰り，国内で発表している．これを契機にわが国での活用は，コストダウンの必要性に迫られていた自動車，電機，造船，家電などの産業分野で購買部門を中心に導入が図られた．

- 1947年：GE社（ゼネラル・エレクトリック）でVA(Value Analysis)誕生
  ―購買部におけるアスベスト調達プロセスの分析―
- 1954年：国防総称（DOD）海軍船舶局でVA適用
  ―VAを製品開発段階まで適用を拡大
  ―VE（Value Engineering)に呼称変更
- 1955年：空軍および陸軍でも適用
- 1955年：日本コストコントロール視察団　訪米調査
- 1960年：日本企業内でVA/VEの導入開始
- 1961年：国防省の調達規定（ASPR）にVE適用条項を付加
- 1963年：国防相予算削減計画にVEを適用：国防長官（R.Sマクナマラ）指示
- 1973年：第一次オイルショックを契機に日本企業のVE導入，定着が加速される
- 1975年：連邦政府調達局（GSA）がVE導入（"Value Management部門"の設置）
- 1990年：経済環境の変化に対応したVEの積極導入：顧客価値の構築と評価
- 1997年：企業価値創造経営の模索，顧客価値の定着
- 2000年：企業価値創造経営の定着化
- 2002年：企業価値指標の模索
- 2005年：価値指標を活用した企業改革の推進

図表 3-11　価値工学（VE/VA）の誕生とその発展経緯

年代 項目	1960年〜	1970年〜	1980年〜	1990年〜	2000年〜	
顧客の欲求	人より良いものが欲しい	人と違うものが欲しい	自分が考えてこれを選ぶ	好きだからこれを選ぶ	個人の価値観を主張	
モノつくりの焦点	安く作る	良いものを作る	特色ある付加機能	差別化を強調した製品	・顧客価値重視 ・戦略的商品化	・価値連鎖 ・企業文化伝達
価値工学活用の主な目的	原価低減	原価低減	・原価低減 ・製品開発	製品開発	商品企画	企業価値
適用分野	・購入品 ・外注品 ・部品	・現行製品 ・ソフトウエア ・製造，保守	・開発製品 ・管理業務 ・営業業務	・生産システム ・物流 ・研究・開発	・商品企画 ・販売	・人材 ・株主 ・地域，行政
活用業種	・電機 ・自動車 ・建設	・精密機械 ・工作機械 ・半導体関連 ・鉄道，輸送	・食品 ・化学 ・電力，通信 ・印刷	・流通 ・金融 ・官公庁	・医療 ・小売業 ・サービス業	・全業種
併用する主な管理技術	・IE ・QC ・OR ・組立性評価	・リエンジニアリング ・ティアダウン ・ABC/ABM	・ベンチマーキング ・原価企画 ・生産性評価	・コスト・エンジニアリング ・SCM ・QFD	・VCM (Value Chain Management)	・VBM (Value Based Management)

図表 3-12　わが国における価値工学（VE/VA）進展

その後，各産業界に普及，定着し大きな効果を生み出している．今日では適用分野も拡大し，サービス業，公共事業などにもコストダウンのためのVE（価値工学）の適用が図られている．図表3-11に今日までの発展経緯を示す．価値工学は企業，社会のニーズに対応して価値指標を活用した価値創造経営の有効な方法論となりつつある（図表3-11）．

活用目的，活用業種などの変遷と経済環境との関連で変化している様子が図表3-11 からうかがえる．図表3-12には，わが国に価値工学が導入されて以降，産業界でどのように活用し，発展していたかを整理して示した．

3.7 価値工学の特徴

価値工学は，そのモノまたはコトの有している「価値」を改善，向上，保証するための工学手法である．ただし，この価値は「顧客またはユーザ」が製品またはサービスを「機能」に立脚して判断するものである．

それゆえこの価値を改善するためには，機能の観点に立ってこれを達成するための手段を「創造活動」により発想，このなかより最も少ない犠牲（コスト）で達成できる手段を抽出，検証，評価する．このときの一連の活動は「チームデザイン」により，ジョブプランにのっとって遂行することとなる．価値工学の特徴を整理すると，以下の5項目となる．

1) 価値の改善，向上
2) 価値は顧客本位
3) 機能に立脚したアプローチ
4) 価値達成手段の創造
5) ジョブプランにのっとったチームデザイン

つまり価値工学の活用は，上記5項目を用いて経営変革，商品開発や原価低減などの目的に寄与する方法論と言える．

3.7 価値工学の特徴

3.7.1 価値の改善，向上

価値工学における価値の算出式は，3.3 節で述べたように，

$$価値(V) = \frac{客体の性能(手段，得られる効用，機能)(F)}{主体の欲求(目的，支払う犠牲，ライフサイクルコスト)(C)}$$

で表わされる．価値を改善，向上するためには，この式の F または C それぞれを変数と考え，改善することにつきる．このときの，価値を改善，向上するためのパターンは図表 3-13 に示す以下の 5 つが存在する．

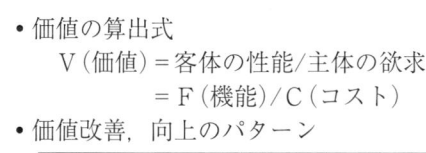

- 価値の算出式
  V（価値）＝客体の性能／主体の欲求
  　　　　＝F（機能）／C（コスト）
- 価値改善，向上のパターン

パターン	A	B	C	D	E
F（機能）	→	↗	↗	↗	↘
C（コスト）	←	←	→	↗	←

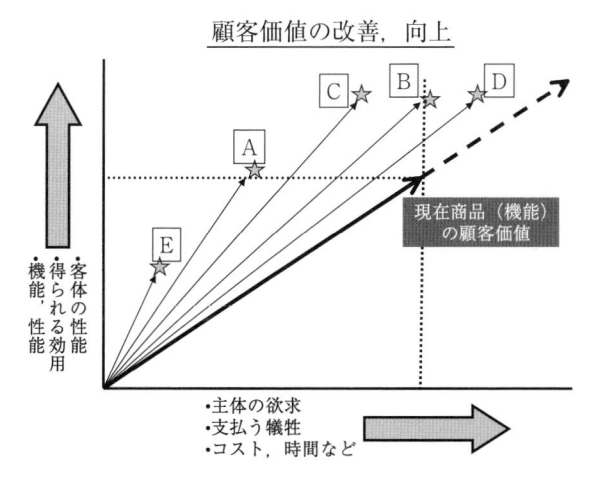

顧客価値の改善，向上

図表 3-13 価値の改善，向上のパターン

パターンA：F一定でCを下げる
パターンB：C一定でより優れたFにする
パターンC：Fの向上を図ると同時にCも下げる
パターンD：少しCはアップするが，より優れたFに改善する
パターンE：Fは下がるが，大幅にCは下がる

　つまり，価値工学における価値の改善，向上は，対象品の置かれた状況，ユーザの特質，メーカをとりまく経済環境などにより，どのパターンで行なえば良いか判断し，それに見合った作業手順で行なうことである．すなわち，価値工学は，「価値」の観点で製品またはサービスを評価して，それを，Fを上げるか，Cを下げるかの達成手段を検討することにより，ユーザ（顧客）の期待する価値に近づける努力，またはプロセスが大きな特徴の1つである．

3.7.2 価値は顧客本位

　価値工学でいう価値とは，その製品なりサービスを使用する顧客側が判断するものである．それゆえ，常に顧客の立場に立って価値を把握，評価し，価値の改善を図らなければならない．

　顧客は，製品やサービスそのものを買うのではなく，製品やサービスの果たす効用，働きといったものに価値を見出してお金を払うのである．お客は，要求する機能に対してお金を支払うのであるから，要求する機能が十分に発揮されないと（顧客が満足しないと）顧客はその製品なりサービスに対して価値が低いと判断する．それゆえ，価値工学では，活動の対象に対して，顧客がどのような価値判断のもとに，どのような機能を要求しているかを正確に把握しなければならない．つまり，製品のもっている機能と顧客が要求している機能に差があるかないかを常にチェックし，製品やサービスに反映して，より高い価値のモノを顧客に提供することに努めなければならない．ここに「顧客本位」の考え方の重要な意義がある．

　この価値工学では，図表3-14に示すように，商品のユーザ以外に次の工程を顧客と考えている．つまり，材料製作部門にとっての顧客は，この材料を用

3.7 価値工学の特徴

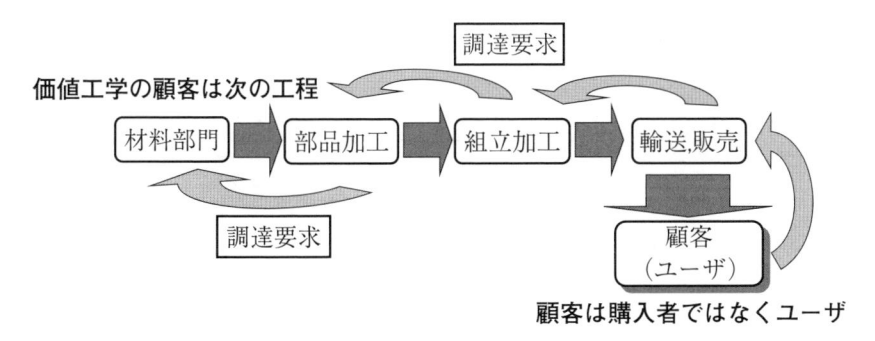

図表 3-14 価値は顧客本位

い部品に加工する部門が顧客であり，部品製作部門は，組立部門を顧客と考える．また製品が作られ，輸送して据え付けられる製品では，製品組立部門にとっての顧客は輸送部門であり，輸送部は据付け部門が顧客となる．このように次の工程を価値工学では常に顧客と考え，このそれぞれの顧客からの要求事項（品質，納期，コストなど）に対し，価値工学のアプローチにより，より価値の高い材料，部品，製品，サービスなどを提供することを意味している．これが価値連鎖の考え方である．

3.7.3 機能に立脚したアプローチ

顧客が製品やサービスにお金を支払うのは，そのモノが欲しいからではなく，そのモノが果たしている機能が欲しいからである．それゆえ，価値工学では常に"機能"に立脚して研究，または分析し，改善に結びつけることを考えなければならない．機能に立脚するとは，図表 3-15 に示すごとくモノ，コトなどあらゆる事象の機能（働き，役割など）を明確に定義しこれを起点に手段を再構築することである．現行する製品，部品，作業，システム，図面などをそのまま受け入れるのではなく，いったんそれらを機能に変換することに大きな意義がある．そのためには図表 3-16 に示されるように，機能に分解した形でモノまたはサービスを把握する必要がある．

モノを"物"として見る

現行する物とか図面をみてムダの発見や、新たな構造、製法などを構築することでの発想の限界．

例：扇風機

モノを"働き"として見る

それは"どんな働きか"と質問して機能を把握，定義し，これを起点に目標を達成できる代替案を構築する．

機能定義

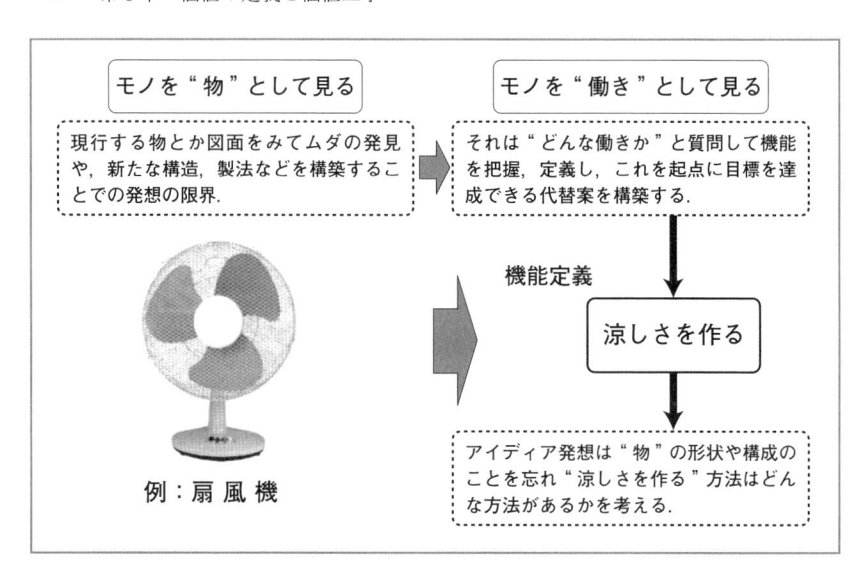

→ 涼しさを作る

アイディア発想は"物"の形状や構成のことを忘れ"涼しさを作る"方法はどんな方法があるかを考える．

図表 3-15 機能に立脚しての創造

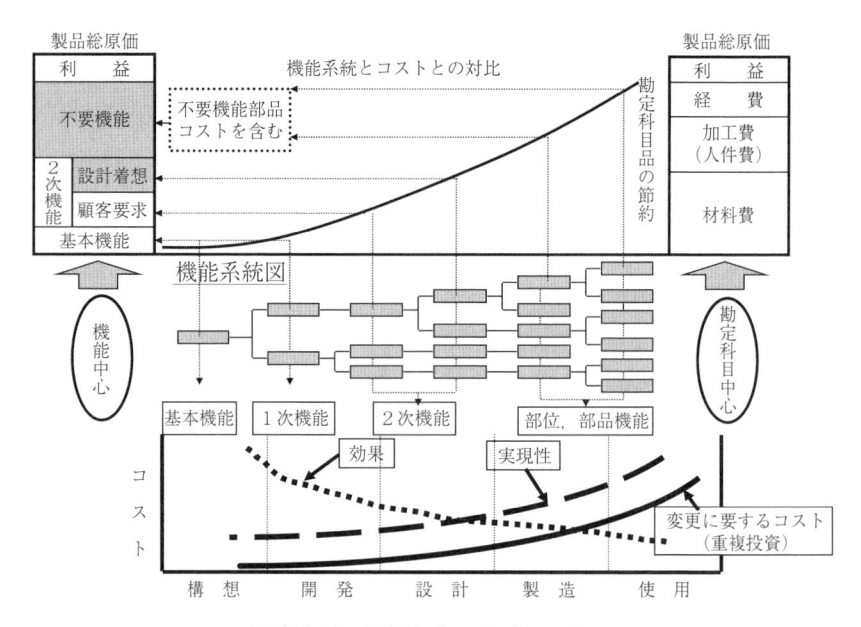

製品総原価
- 利益
- 不要機能（不要機能部品コストを含む）
- 2次機能（設計着想，顧客要求）
- 基本機能

機能系統とコストとの対比

製品総原価
- 利益
- 経費
- 加工費（人件費）
- 材料費

勘定科目品の節約

機能中心 ← 機能系統図 → 勘定科目中心

基本機能／1次機能／2次機能／部位，部品機能

効果／実現性／変更に要するコスト（重複投資）

コスト

構想　開発　設計　製造　使用

図表 3-16 機能中心のアプローチ

機能には，製品が存在するために欠くことのできない"基本機能"と，この基本機能を果たすために必要な2次機能に分ける．2次機能には，顧客が要求する機能と，基本機能を達成するために選んだ設計着想から要求される機能に分かれる．これらの機能を積み上げ，不要機能を排除した結果が価値工学による改善効果となる．

つまり，価値工学はモノから離れて"機能"という観点に立って，設計構想を行ない価値改善を行なう．そのため，価値工学では，機能定義，機能整理，機能評価といった手順を踏んで，着実に機能中心のアプローチを行なうようにしている．ここでいう機能とはモノを作るための要求内容であるから，機能に立脚して研究または分析するということは，モノを作り出す原点に立ち帰るということであり，価値工学を適用することは「原点発想をすること」であるとも言える．

以上のように，価値工学においては適用対象の機能を明確に定義する．すなわち，対象の働きや目的を明確にし，その目的を果たすためのさまざまな方法の中から最善の（価値を高める）方法を選定する．これが価値工学における機能に立脚したアプローチである．特に，価値分析ではなく価値工学としてのアプローチでは，それぞれの機能に対して"どの機能にコストをかけるべきか"の視点で，ターゲットを設定し，達成できる手段を構築する．つまり，改善の対象を勘定科目などの節約の視点でなく，機能を起点とする手段の構築である．この技術（機能中心のアプローチ）が価値工学の大きな特徴の1つと言える．

3.7.4 価値達成手段の創造

改善，向上するということは，新たなる発想のもとにその方法，手段を変えることである．価値工学においても然りであり，価値を判断規準にして，これを改善または向上するために創造活動を通して，手段なり方法を変えていく．このときの発想の原点になるのが，「明確に定義された機能」である．つまり，1つの機能に対しそれを実現する手段，方式は無数に存在するという考え方が，価値工学における特徴の1つとして挙げられる（図表3-17）．

例えば図表3-18のように,「トルクを伝える」機能に対しその方法には, レバー方式によるもの, カムを用いるケース, リンク機構, 歯車などいろいろ考えられ, さらに設計着想としてレバー方式を選んだ場合, その材質はステンレ

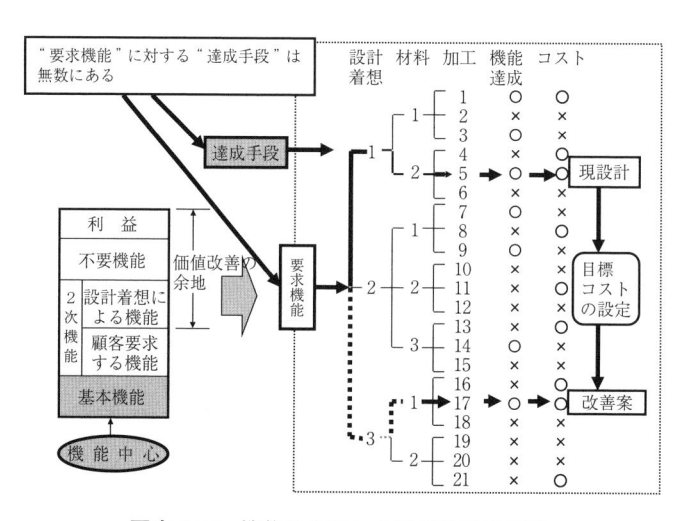

図表 3-17 機能に立脚した達成手段の創造

- 機能を達成する手段は1つではない.
- 機能に立脚して創造活動を行うことにより, より価値の高い達成手段が発見できる.
- 例 "トルクを伝える" 機能の達成には,

図表 3-18 機能に立脚した創造活動

ス，アルミ，銅など，さまざまなケースが考えられる．さらに，これを加工する方法として切削加工，鋳物，ダイキャスト，精密鋳造，鍛造などなどいろいろある．このようにそれぞれの製品化レベルにおいてさまざまな方法が抽出され，それを組み合わせると，まさに無数のアイディアが存在する．価値工学においては，このように機能を改善の原点に置き，これを達成するための手段を情報収集と創造活動により抽出，このなかから最も価値が改善，向上できる方法を選定する．つまり，機能に立脚した創造活動を実践することにより最適手段の構築が可能となる．

3.7.5 ジョブプランにのっとったチームデザイン

価値工学を効果的に遂行するためには，専門的に学習，訓練されたバリューエンジニアを中心に組織的，総合的に活動しなければならない．そのためには，対象品に関する各分野の専門家とバリューエンジニアによるメンバー構成でチームを作り，このメンバーの協創のもとで価値工学活動を行なう．これをチームデザインと称している．このときのメンバーは図表3-19のように，設計，

- プロフェッショナル集団
- 企業内組織の横断化
- 活動(作業)手順の明確化

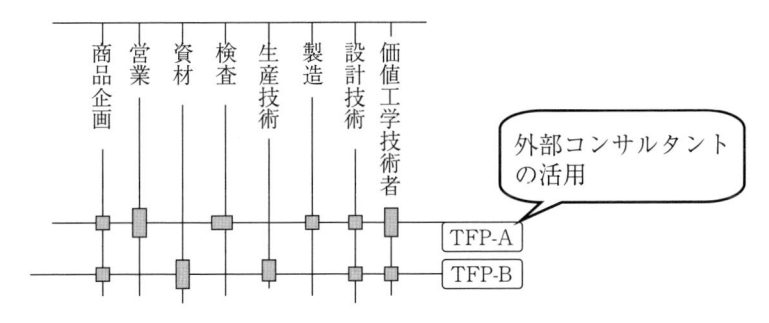

商品企画／営業／資材／検査／生産技術／製造／設計技術／価値工学技術者

外部コンサルタントの活用

TFP-A
TFP-B

図表 3-19 TFP活動による価値工学の実践（Task Force Project）

検査，製造，購買，バリューエンジニアおよび対象に関する他の専門家などで構成されるのが一般的である．この活動形態は TFP（Task Force Project）と呼ばれる．このように価値工学を適用するにあたっては，チームを編成し，チーム活動により行なうことが大きな特徴である．しかし，これは絶対条件ではなく，1人で実践するケースも多々見受けられる．

さらに，このチームデザインを効果的に遂行するためには，メンバー間の思想統一，コンセンサス合わせなどを含めて実施手順を常に明確に設定し，それにのっとってチーム活動を行なうことも価値工学の大きな特徴である．この実施手順を価値工学では「ジョブプラン」と称している．ジョブプランは価値工学の適用段階，適用局面，対象分野などにより異なるが，基本的には以下の流れとなる．

1. 対象の明確化
2. 機能の定義
3. 価値の把握と評価
4. 価値達成案の創造
5. 価値向上，改善案の提言と実践

すなわち，価値を改善，向上すべき対象となるモノ，コトなどを選定し，それをどこまでどのようにしたら改善向上できるかを，「価値の定量化」でとらえ，それを管理指標にして変革，改善をすること，その一連の手順の存在が特徴である．

これは，以下に示す VA（価値分析）の創始者である L. D. マイルズの基本ステップに準拠している．

・それは何か ―┐
・その働きは何か ―┘機能定義
・そのコストはいくらか ―┐
・その価値はどうか ―┘機能評価

- 他に同じ働きをするもの（方法）はないか
- そのコストはいくらか ｝ 代替案の作成
- それは必要な機能を確実に果たすか

3.8 価値工学の活用目的とその対象

　価値工学を活用するのは，基本的には「価値」と呼ぶ切り口で"モノ"，"コト"を評価して，その価値を改善，向上することであるから，活用対象はあらゆる分野となる．過去，家庭電化製品や自動車，造船などの組立型製造業を中心に，企業内の原価低減のための有効なツール，手法として VA（Value Analysis）の名のもとに多く活用されてきた．今日では，組立型製造業ばかりでなく，化学，金属，半導体などの装置型産業や，建設，大型プラントなどの大規模オーダメイド製品などへ，さらに物流，金融，ビルの保守や電気，ガス供給，小売業などのサービス業分野への活用もなされている（図表 3-12）．

　さらに，今日では原価低減の目的ばかりでなく，商品企画や製品開発，または，「どのようなものを研究対象に選んだら良いか」，「その研究目標は」などを目的とする研究・開発段階，ソフトやサービス局面などにも活用されている（活用構造に関しては，第 5 章および『応用編』に記載した）．さらに接客業界でも関心が示されている．行政として最初に活用したのが公共工事であり，建設業と行政官庁との共同 VE の形をとり成果をあげた例が数多く発表されている．

　政治の分野で関心が高い事業仕分けも顧客価値の発想が根底にあり，積極的活用が望まれる分野である．

　さらに，今日では製品化の上流段階，商品企画や製品開発で価値工学の活用が一般化されており，特に家庭電化製品や OA 機器などの分野では，より顧客の期待に適合した「価値」ある製品の企画，開発のために，有効な管理技術となっている．図表 3-20 に活用の目的と対象局面を示す．

　先進国のキャッチアップ時代とは異なり，今日では，常に顧客のニーズを先行的に把握し，適切なタイミングで提供していく必要性から，顧客の価値を把

価値工学の活用目的	適用対象，局面，段階
商品企画	マーケティング，製品コンセプトの設定
製品開発	製品構想，製品開発段階
原価低減	企業におけるコストあらゆる発生局面
研究・開発テーマや目標値	研究段階，技術開発，事業戦略，製品戦略
地球環境保護	製品ライフのすべて，廃棄物，地球資源
従業員満足度向上	従業員行動範囲，作業環境
行政の事業仕分け	予算作成時

図表 3-20 価値工学の活用目的と対象

握，評価する手法としての意味合いが強まっているのも事実である．生産財における提案営業の効果的技法としても活用の範囲を広げてきた．さらに，顧客価値の先行き動向を長期的な視点で把握，評価し，これをベースに技術シーズを開発，蓄積する目的で，研究や技術開発の目標設定に活用するケースも実施されてきている．

製品化の下流工程である購買，流通や据付，保守，さらに使用されたあとの廃棄段階の資源保護に関しても，価値を切り口に分析，評価し，改善案の導出に結び付けている．さらに，仕組みや手順の変革などソフト面でも活用されている．

対象分野，適用段階における主な活用モデルを図表 3-21 に示す．

価値観の多様化，流動化は，企業従業員の価値観においても同様であり，かつての企業内同一思想，類似思考とはならなくなっている．きつい仕事でも給料が高ければ満足する人，あまり束縛されないで仕事をしたい人，残業をしたくない人など仕事観もまちまちである．さらに，不満を押し殺して仕事をすることによる効率悪化も見逃せない．これらを変革するために，従業員の満足度向上策として従業員の価値（人材価値）把握，評価にも活用されてきている．

	活用モデル名	概　　　要
製品VE	マーケティングVE	商品企画段階に適用し，顧客価値向上を思考
	開発VE	製品開発段階に適用，品質，コストの造り込み
	製品VE	量産開始後の原価低減が目的
	購入品VE	資材費低減が目的，購入方法，購入先など
横断VE	標準化VE	類似製品を横断的に分析，共通化，標準化
	部品VE	類似部品を郡としてとらえ，郡全体を対象
	製造VE	加工工程，設備，治具，検査工程などを対象
	物流VE	物流に関する総合改善
	ソフトVE	間接費，一般費，経費，設計費などが対象
共同VE	海外共同VE	海外事業所，生産委嘱先との民族間共同活動
	取引先共同VE	外注先，購入先などとの共同活動
	顧客との共同VE	顧客と共同での製品開発，顧客価値の分析

図表3-21　価値工学の主な活用モデル名とその概要

　以上，社会環境が大きく変わったことを意識し，あらゆる分野において顧客価値を把握，選択，評価し，この値をベースに仕組，制度，規則，製品などをゼロベースで見直し，変革する効果的な管理手法としての価値工学の役割は大きい．

参考文献

［1］見田宗介：『価値意識の理論』，弘文堂，1996年．
［2］村上和光：『価値理論体系の研究』，多賀出版，1991年．
［3］マッキンゼー・アンド・カンパニー：『企業価値評価』，ダイヤモンド社，2002年．
［4］産能大学VMセンター：『VEの基本』，産能大学出版部，1986年．
［5］田村坦之，中村　豊，藤田眞一：『効用分析の数理と応用』，コロナ社，1997年．
［6］神川正彦：『価値の構図とことば』，勁草書房，2000年．
［7］手島直明，柴田高雄：『実践コストエンジニアリング』，日科技連出版社，1999年．

第4章　価値工学の基本技法

4.1　基本技法とは

　20世紀は管理技術が多く開発された時代である．開発されたさまざまな管理技術，技法のうち代表的なものとしてIE（Industrial Engineering, 生産工学），QC（Quality Control, 品質管理）そしてVE（Value Engineering, 価値工学）がある．これらは20世紀前半からアメリカにおける自動車生産の伸びとあいまって開発され，成熟してきた．それぞれの手法は，1945年以降，わが国に導入され，産業界の発展に大きな牽引役となった．

　最初にQCが導入され，その直後にIEが産業界に導入された．価値工学（VE）が日本に導入されたのは1960年代で他の2つより遅れての導入であった．導入が遅れたのは，管理技術としての本質的な違いがあったためである．原因－結果系と目的－手段系の分析手法の違い（図表4-1）である．製品の品質を確保し，生産性をあげることを優先した時代から顧客満足，収益確保に優先度が高まった時代に移った時，価値工学の導入が始まったのである．

　これら二者は，それぞれまったく異なった性質をもつ管理技術であることを，価値工学の基本技法を理解するうえで意識する必要がある．価値工学は問題を起こした犯人を探し出す管理技術ではなく，現状より，より良いモノを創り出す管理技術であるからだ．

　このことを踏まえて，価値工学の基本技法を述べる．基本技法はL. D. マイルズが提唱した「1) 機能定義，2) 機能評価，3) 代替案の作成」の3手順に

第4章 価値工学の基本技法

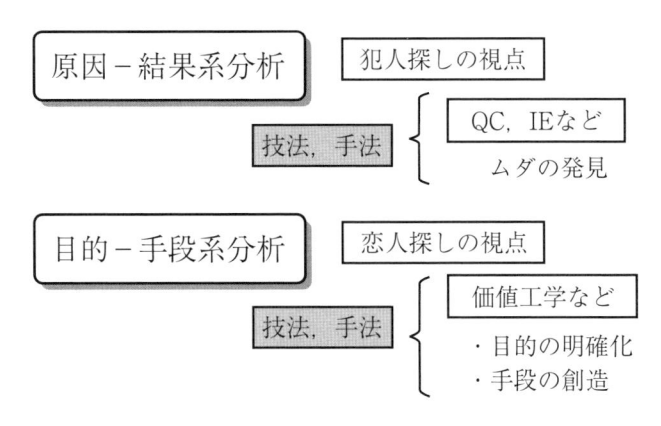

```
原因-結果系分析 ─ 犯人探しの視点
   技法, 手法 ┤ QC, IEなど
              └ ムダの発見

目的-手段系分析 ─ 恋人探しの視点
   技法, 手法 ┤ 価値工学など
              ├ ・目的の明確化
              └ ・手段の創造
```

図表 4-1 管理技術の大分類

今日でも準拠している．これは価値をどのような基軸で定量的に把握するか（機能定義，機能評価），その把握された価値をどこまで高めねばならないか（価値の評価，目標価値の設定），目標とする価値まで高めるためには，対象とするモノなりサービスをどのように変えるか（代替案の作成）の構成である．

さらにこれらを効率的に遂行するために，コストテーブル，コラボレーション（協創活動），創造技法，問題点系統図などさまざまな技法を上記技法に加えて活用している．

一般に，問題（潜在的問題，顕在的問題）を解決するためには，

- 目的集中
- 思考拡散
- 構想集約
- 検証評価

という解決のプロセスをとる．価値工学においても然りであり，モノやサービスの価値が低い，より価値を高めたい，あるいは達成手段に問題がある，原価が高いなどの問題解決テーマに対して，その解決（価値改善，向上）を図っていく流れである．そのために，機能定義，機能評価を通して，目的とその手段，目標値などの現状を把握し，問題点の正確な理解，把握をする．つまり問題に

対する「目的集中」である．

次にこの問題を解決するために現実にとらわれることなく発想を広げ，あらゆる可能性をさぐるのが「思考拡散」で，そのなかから解決に向けて現実案として絞りこんでいくのが「構想集約」となる．これが価値工学の基本技法における代替案の作成過程である．さらに，代替案を実現させるために，その可能性，何か問題はないか，などをチェックし，変更点に対する管理体制を明確にするのが「検証評価」となる．価値工学では代替案作成のサブプロセスとして構成されている．

このプロセスは，対象，適用段階，活用目的が異なっても同じである．

すなわち，対象と考えている価値をどのようにしてできる限り定量的に把握するか，その把握された価値をどこまで高めなければならないか（目標価値の設定），目標とする価値まで高めるためには，対象（モノやサービス，業務，仕組みなど）をどのように変えるか（代替案の作成）が価値工学適用の基本的技法，手法である．

さらに，適応する対象や目的，タイミングなどそれぞれの目的に合った実施手順（ジョブプラン）が作られている．それぞれの目的に合ったジョブプランの詳細は第5章および『応用編』に記述したが，本章ではこれらに共通して活用される価値工学の基本技法を述べる．1990年代以降は顧客価値，人材価値，サービス価値など新たな価値概念にも価値工学が活用されてきているが，これらの価値の分析，評価にも同様にこの基本技法が使用される．

4.2 機能定義

4.2.1 機能定義とは

「機能」とは，何らかの使命，目的を果たすためにもっている働きであり，なすべきことである．価値工学では，この機能に立脚して価値を考えるところに特徴がある．人類が生存し発展をするためには，さまざまななすべきこと（目的）が必要である．電車にのって工場へ行くことも，電車を作ることも，電車

を運転することも，その他ありとあらゆることが人類が快適に生存，発展していくための役割であり，働き，つまり機能である．われわれの日常生活はいろいろな機能で結合され構成されていると言ってもよいであろう．つまり，世の中に存在するあらゆるモノやコトは，機能をもっており，それには必ずその目的がある．つまり，モノやコトは，その目的を達成するための働き（機能）を満たす手段である．

人類のために役立つあらゆるシステムは，それぞれの役割分担において機能を持っており，これらの各構成要素が相互に有機的に結びついて働くから，システムは所期の目的を達成するのである．目的と働き（機能）の関係を説明する例を図表4-2に示す．

「定義」とは，ある概念の内容やある言葉の意味を他の概念や言葉と対比して異なるところを明確に表現することである．すなわち，そのものの意味，内

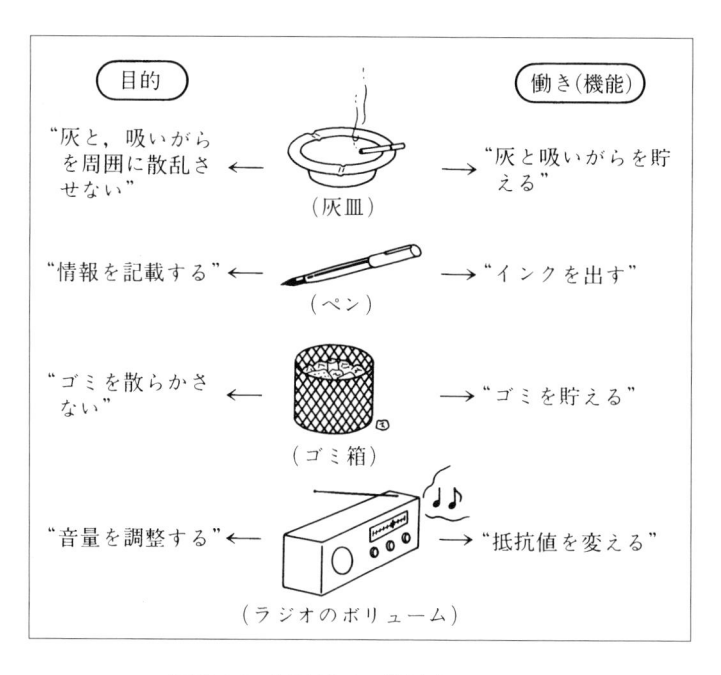

```
   ┌──────────────────────────────────────────────┐
   │   （目的）                    （働き（機能））  │
   │                                                │
   │  "灰と，吸いがら              "灰と吸いがらを貯 │
   │   を周囲に散乱さ  ←  (灰皿)  →  える"          │
   │   せない"                                      │
   │                                                │
   │  "情報を記載する" ←  (ペン)  →  "インクを出す" │
   │                                                │
   │  "ゴミを散らかさ  ← (ゴミ箱) →  "ゴミを貯える" │
   │   ない"                                        │
   │                                                │
   │  "音量を調整する" ←(ラジオのボリューム)→ "抵抗値を変える" │
   └──────────────────────────────────────────────┘
```

図表4-2 "目的"と"働き"について

容，特徴，性質などを他と区別して明らかにすることである．それゆえ，価値工学で言う「機能定義」とは，"対象とするモノやコトなどの構成要素の働きを明らかにし，他のモノやコトとの違いを明確にすること"と言える．

　企業から造出される製品やサービスは，それぞれの"働き"をもったものであり，顧客はその"働き"に便益を見出し，購入し，使用する．顧客の求めているのは「製品なりサービス」そのものではなく，そのモノがもっている「働き」である．そこで，この顧客が求める"働き"＝"機能"を明確に把握し，それを他の働きとの連なりとして，言葉で明確に定義して，理解することが対象の問題を把握するうえで必要となる．

　機能定義を行なうのは，要求されている目的に対し，現在どこまで達成できているのか，何を達成しなければならないのか，どの働きが必要なのか，その働きの程度はどのぐらいなのか，などを明確にし，これを踏まえてより価値の高い製品やサービスの提供に結びつけるためである．

　図表4-3に機能定義の目的を示す．

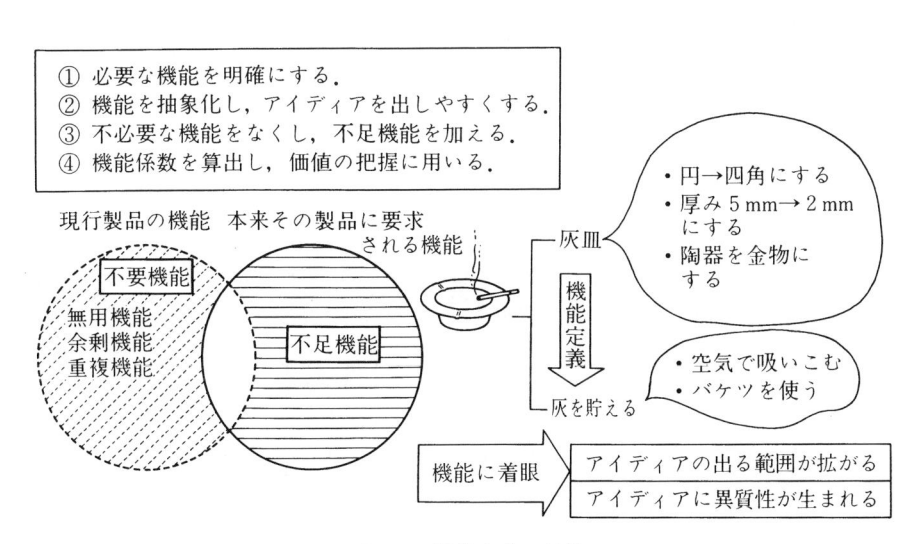

① 必要な機能を明確にする．
② 機能を抽象化し，アイディアを出しやすくする．
③ 不必要な機能をなくし，不足機能を加える．
④ 機能係数を算出し，価値の把握に用いる．

現行製品の機能　本来その製品に要求される機能

不要機能
　無用機能
　余剰機能
　重複機能

不足機能

灰皿
機能定義
灰を貯える

・円→四角にする
・厚み5mm→2mmにする
・陶器を金物にする

・空気で吸いこむ
・バケツを使う

機能に着眼 ⇒ アイディアの出る範囲が拡がる
アイディアに異質性が生まれる

図表4-3 機能定義の目的

4.2.2 機能定義の表現ルール

機能定義は，対象物（部品，製品，サービスなど）のそれぞれの働きを把握し，それを一定のルールに従って表現する．設計者や技術者がそのものの働きを専門用語を用いて表現するのではなく，機能用語を用い，ルールに従って定義することにより，誰でも一般的な知識でそのものの働きが理解できるようにする．結果として異質の発想に結びつける糸口として非常に有効である．つまり，一見わかりにくい内容（専門分野）のものを一定のルールに従って表現することにより，誰にでも理解しやすくするのである．

機能定義は次の4ルールを用いて表現する．

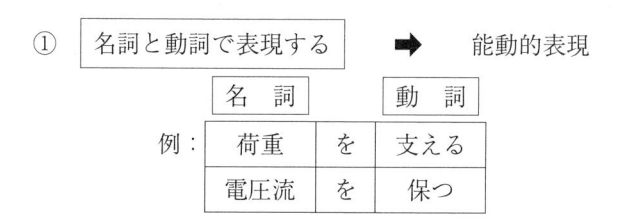

① 名詞と動詞で表現する ➡ 能動的表現

例：
名詞		動詞
荷重	を	支える
電圧流	を	保つ

② 表現を抽象化する ➡ アイディアを出しやすくする

製品	良い例	悪い例
ボルト	位置を定める	物を取り付ける
スイッチ	電流を断つ	電気を切る
バルブ	流れを切る	閉じを調節する
塗装	表面を保護する	色をつける

③ 形容詞などの修飾語は省略する ➡ 短く，わかりやすく

発生したゴミを ＋ １カ所に集める
（～～～～部を省く）

④ 否定文は使用しない ➡ 機能の上下関係を容易に

油を洩らさない ⟶ 油洩れを防ぐ

4.2 機能定義

　機能の表現は，原則として「可測的名詞と広義の動詞を用い，簡潔で明確に表現する」ことが1つ目のルールとなっている．可測的名詞を用いるのは，機能の達成度合を明らかにするためである．「荷重を支える」と機能を定義すると，支える荷重の値が機能の達成度合となる．5kgの荷重を支えるのか，50kgの荷重を支えるのかでは，この機能を達成するための具体的手段に大きな違いを生ずるため，値を明確にするのである．"人間を支える"とか"荷物を支える"とすると支える大きさが明確にならず，達成手段構築のための機能把握が不十分となるからである．

　ただし，制約条件として提示された物質名詞は，機能を定義する名詞用語としてしばしば使用される．例えば，エネルギー源として"ガソリン"を使うことが制約条件のときは，"ガソリンを供給する"とか"ガソリンを移す"などと定義する．

　機能用語としての動詞はできる限り広義に解釈できるものを用いる．これは，いろいろな観点から発想することができるようにとの意図であり，他動詞を用いるのが一般的である．"供給する"より"流す"にしたほうが思考が広がるし，"穴を切削する"より"穴を作る"のほうが，作る手段として切削ばかりでなく熔断やプレス加工，さらには鋳物による型加工などいろいろとアイディアの範囲が広がるからである．

　機能定義の2つ目のルールは，「表現を抽象化する」ことである．コトバは抽象性の度合が高ければ高いほど，そのコトバをキーワードにしてアイディアを出そうとする場合，思考の範囲が広がり，異質なアイディアが豊富に得られる．ただし，あまり抽象度が高すぎると，漠然としすぎて具体的イメージが湧きにくく，かえって出にくくなる場合もあるので注意を要する．"物を取り付ける"とか"火をつける"などはあまりに即物的で思考が広がらない．"位置を定める"とか"熱を出す"としたほうが同じ機能表現でも抽象度が高まり，アイディアの発想範囲が広まる．

　3つ目のルールは，「形容詞，副詞などの名詞，動詞を修飾する言葉は省略する」ことである．これは，いろいろな修飾語が加わることにより，内容が繁

雑化し，真に要求されている機能を簡潔に把握する目的が達成できなくなる恐れがあるからである．要は何を欲しているのかを簡潔に表現したいのである．

最後は，「否定文の機能定義はしない」ということである．○○を×××しないというような否定的な定義，例えば"騒音を出さない"と定義したくなるケースでは"音を防ぐ"とか"音を止める"などと定義すべきである．これは手段の構築時における創造がよりスムーズに行なえるためである．また，次の手順である機能整理のための機能系統の作成段階で，どちらが目的か手段かの判断を容易にするためである．

4.2.3 機能定義用語集

機能定義のルールにのっとって機能を表現しようとするとき，用語集があると便利である．そこで，㈳日本バリューエンジニアリング協会の研究会で著者らが研究し作成した機能定義用語集[1]の必要部分を，ここに掲載する．

(1) 機能用語の名詞体系 [1]

図表4-4に機能定義用語としての名詞の分類体系を示す．また，図表4-5に物性名詞の用語を示す．

4.2 機能定義　73

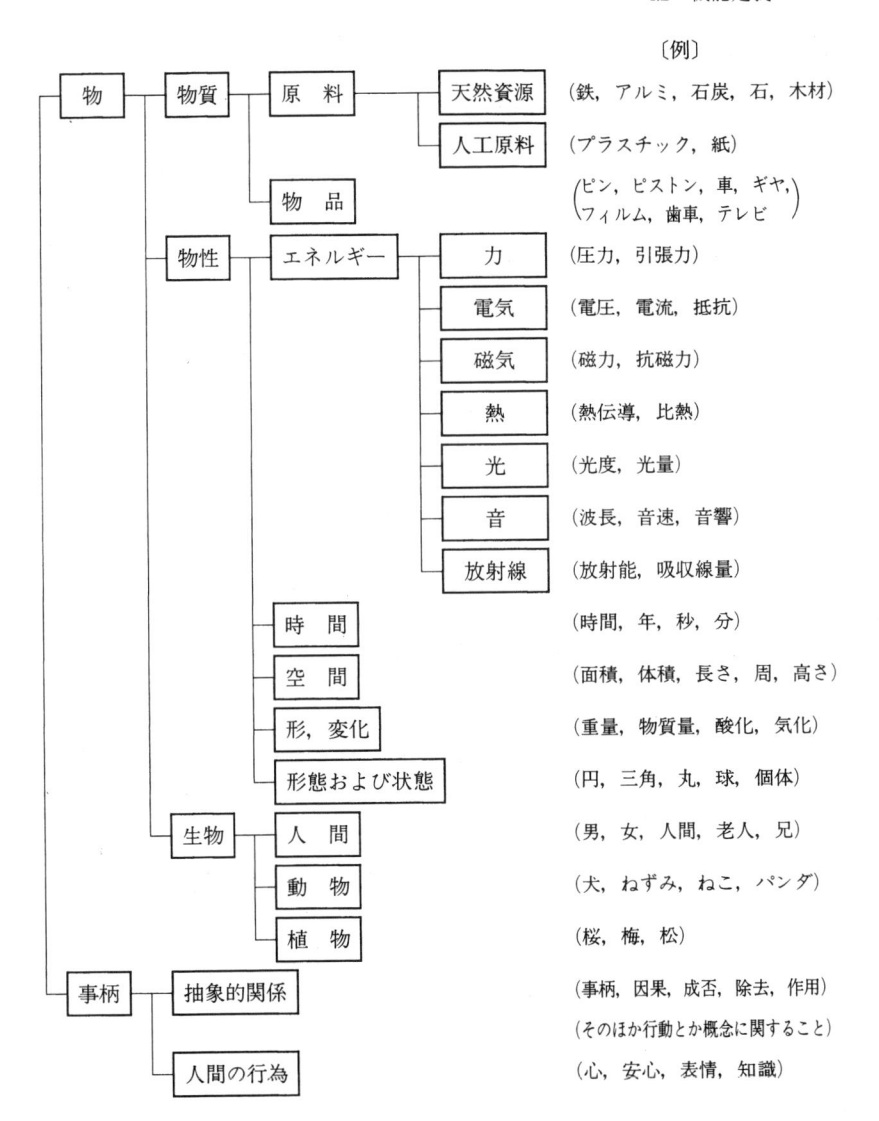

〔例〕

```
物 ─┬─ 物質 ─┬─ 原料 ─┬─ 天然資源      （鉄，アルミ，石炭，石，木材）
    │        │        └─ 人工原料      （プラスチック，紙）
    │        └─ 物品                    （ピン，ピストン，車，ギヤ，
    │                                    フィルム，歯車，テレビ）
    ├─ 物性 ─┬─ エネルギー ─┬─ 力        （圧力，引張力）
    │        │              ├─ 電気      （電圧，電流，抵抗）
    │        │              ├─ 磁気      （磁力，抗磁力）
    │        │              ├─ 熱        （熱伝導，比熱）
    │        │              ├─ 光        （光度，光量）
    │        │              ├─ 音        （波長，音速，音響）
    │        │              └─ 放射線    （放射能，吸収線量）
    │        ├─ 時　間                  （時間，年，秒，分）
    │        ├─ 空　間                  （面積，体積，長さ，周，高さ）
    │        ├─ 形，変化                （重量，物質量，酸化，気化）
    │        └─ 形態および状態          （円，三角，丸，球，個体）
    └─ 生物 ─┬─ 人　間                  （男，女，人間，老人，兄）
             ├─ 動　物                  （犬，ねずみ，ねこ，パンダ）
             └─ 植　物                  （桜，梅，松）

事柄 ─┬─ 抽象的関係                    （事柄，因果，成否，除去，作用）
      │                                （そのほか行動とか概念に関すること）
      └─ 人間の行為                    （心，安心，表情，知識）
```

図表 4-4　名詞の分類体系

大分類	小分類	用語
エネルギー	力	力, 駆動力, 回転力, トルク, 空気力, 圧力(高圧, 低圧), 静圧, 張力, 引張り, 伸び率, 曲げ, 曲げ弾性率, 圧縮強度, 外力, 衝撃強度, 荷重, 動力, 抵抗, 応力, 表面張力, 慣性
	熱	熱, 温度(低温, 高温, 水温, 油温, 気温), 熱量, 熱伝導, 熱容量, 比熱, 熱膨張(線膨張, 体膨張), 熱収縮, 熱流, 熱伝達, 熱サイクル(冷熱サイクル, ヒートサイクル)
	電気	電気, 電流, 電圧, 周波数, 電界電波, 放電, 充電, 静電気, 電気抵抗, 電気回路, 表面電荷密度, 誘電率, 誘電正接, 電流密度, 導電, 電位差
	磁気	磁気, 磁力, 磁界, 磁束, 磁気抵抗, 磁束密度, 電磁波, 帯磁
	光および関連する電磁放射	光, 輝度, 光度, 波長, 光束, 光量, 照度, 露光量, 発光効率, 光束発散度, 放射エネルギー, 放射束, 放射強度, 放射輝度, 放射発散度, 放射照度
	音	音(低温, 高温, 騒音, 雑音), 音量, 音速, 波長, 周期, 吸音力, 残響, 音響パワー, 周波数, 振動数, 静圧, 音圧, 音の強さ, 音響インピーダンス, 残響時間
	電離性放射線	放射能, 吸収線量, 吸収線量率, 照射線量, 照射線量率
	風	風(冷風, 温風), 風速, 風量, 風力
時間		時間, 分, 秒, 年, 月, 時刻
空間		面積, 体積, 長さ, 周, 高さ, 面(水面, 油面, 液面)
容量		容量(空気量, 水量, 油量, 液量), 流量
位置		位置, 方向, 角度, 中心, 範囲, 平行, 内部, 外部
形, 変化		重量, 物質量, 酸化, 気化, 蒸発, 凝縮, 凝固, 膨張, 燃焼, 熱交換, 化合, 腐蝕, 氷結, 溶解, 液化, 分割
形態および状態		円, 三角, 丸, 球, 固体, 液体, 気体

図表 4-5 物性名詞の分類と用語

(2) 機能用語の動詞体系 [1]

図表 4-6 に機能用語としての動詞の分類体系を示す．

大　分　類		小　分　類	
作用	対象物(注)に対して働きかけるが，対象物は変化も移動も生じない場合		
変化	対象物に対して働きかけた結果，対象物そのものが変化を生ずる場合	形状変化	対象物の形が物理的に変形，分散を生ずる場合
		状態変化	対象物が形状変化以外の物理的変化を生ずる場合
		内容変化	対象物が化学的変化を生じ，他の異なった物質に変化する場合
移動	対象物に対して働きかけた結果，空間的に位置が変わる場合	位置的移動	対象物が空間を移動するだけの場合
		結合的移動	移動によって，対象物が他の物と結合する場合
		分離的移動	移動によって，対象物が複数に分離する場合
複合	対象物に対して作用・変化・移動が複雑に組み合わさった働きかけ		

（注）　表中の対象物とは，文法上の目的語であり，機能用語では名詞を表わす．

図表 4-6　動詞の分類体系

(3) 動詞用語 [1]

以下に動詞体系のもとに，機能用語として能動的表現ができる動詞用語を示す．

第4章 価値工学の基本技法

作 用	対象物に対して働きかけるが，対象物は変化も移動も生じない場合						
1	*当てる	6	抑える	11	誘う	16	引く
2	*打つ	7	押す	12	示す	17	封じる
3	促す	8	囲む	13	助ける	18	防ぐ
4	補う	9	決める	14	保つ	19	定める
5	押える	10	支える	15	吊る		

*印は2カ所に跨がって記載されている用語

形状変化	対象物の形が物理的に変形・分散を生じる場合						
1	限ぎる	7	*縮める	13	広げる	19	破る
2	切る	8	*通す	14	震わす	20	*分ける
3	砕く	9	ならす(均)	15	掘る	21	割る
4	削る	10	延(伸)ばす	16	巻く		
5	*搾(絞)る	11	張る	17	曲げる		
6	せばめる(狭)	12	*ひねる(捻)	18	乱す		

状態変化	対象物が形状変化以外の物理的変化を生ずる場合								
1	洗う	7	*消す	13	つける(点)	19	熱する	25	増す
2	写す	8	*搾(絞)る	14	照らす	20	練る	26	混ぜる
3	*落とす	9	すすぐ(濯)	15	溶かす	21	*浸す	27	磨く
4	*変える	10	蓄える	16	慣らす	22	ひやす(冷)	28	蒸す
5	固める	11	*縮める	17	煮る	23	膨らます	29	柔らげる
6	乾かす	12	*付ける	18	ぬらす(濡)	24	減らす	30	ゆるめる(弛)

4.2 機能定義

内容変化	対象物が化学的変化を生じ,他の異なった物質に変化する場合
1	*起こす
2	*変える
3	*消す
4	焦がす
5	燃やす
6	焼く

位置的移動									対象物が空間を移動するだけの場合					
1	上げる	8	追う	15	下げる	22	閉じる	29	拾う
2	与える	9	*起こす	16	沈める	23	止める	30	振る
3	浮かべる	10	*落とす	17	捨てる	24	流す	31	回す
4	動かす	11	返す	18	滑らす	25	投げる	32	導く
5	*打つ	12	反す	19	倒す	26	逃がす		
6	移す	13	換(替)える	20	伝える	27	*ひねる(捻)		
7	奪う	14	かわす(交)	21	*通す	28	開く		

結合的移動							移動によって,対象物が他のものと結合する場合
1	集める	7	重ねる	13	はめる(嵌)
2	*当てる	8	組む	14	*張る
3	合わせる	9	刺す	15	*浸す
4	入れる	10	継ぐ	16	結ぶ
5	埋める	11	*付ける		
6	掛(架)ける	12	塗る		

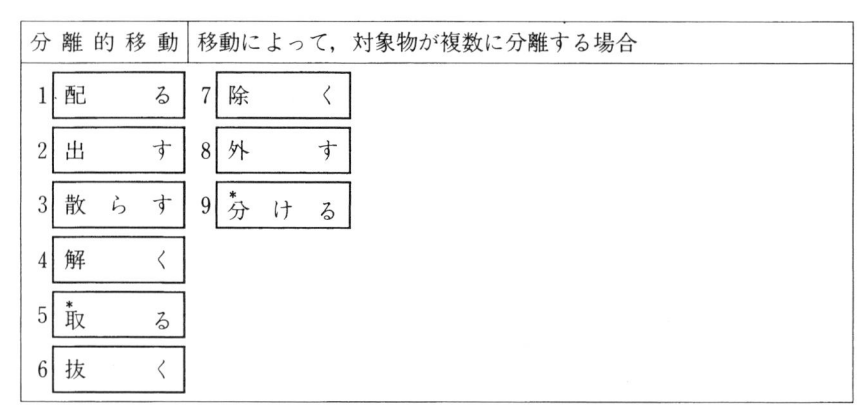

分離的移動	移動によって，対象物が複数に分離する場合		
1 配　る		7 除　く	
2 出　す		8 外　す	
3 散らす		9 *分ける	
4 解　く			
5 *取　る			
6 抜　く			

複　　合	対象物に対して，作用・変化・移動が複雑に組み合わさった働きかけ								
1 操　る	7 殺　す	13 作　る	19 握　る	25 持　つ
2 選　ぶ	8 探　す	14 包　む	20 計　る	26 読　む
3 覚える	9 しばる(縛)	15 とじる(綴)	21 運　ぶ	
4 書　く	10 調べる	16 整える	22 認める	
5 数える	11 知　る	17 *取　る	23 見　る	
6 比べる	12 刷　る	18 直　す	27 設ける	

4.2.4　機能定義の手順

　図表4-7に機能定義を行なう手順を示す．まず価値工学を適用しようとする対象品の実情なり，要求内容，制約条件などを多角的な情報収集により把握する．この時には，対象品の使用条件，環境条件，要求内容，必要数量などを5W3Hを用いてチェックし，明確化する．

　次に，明確に列挙された内容を，機能として要求されているものと制約条件として規制するものとに分類する．列挙し，分類する段階で十分内容を把握，理解して，解釈を統一しておく必要がある．中途半端な認識だと真の要求をつかむことができず，機能が正しく定義できないことになる．価値工学のスター

4.2 機能定義

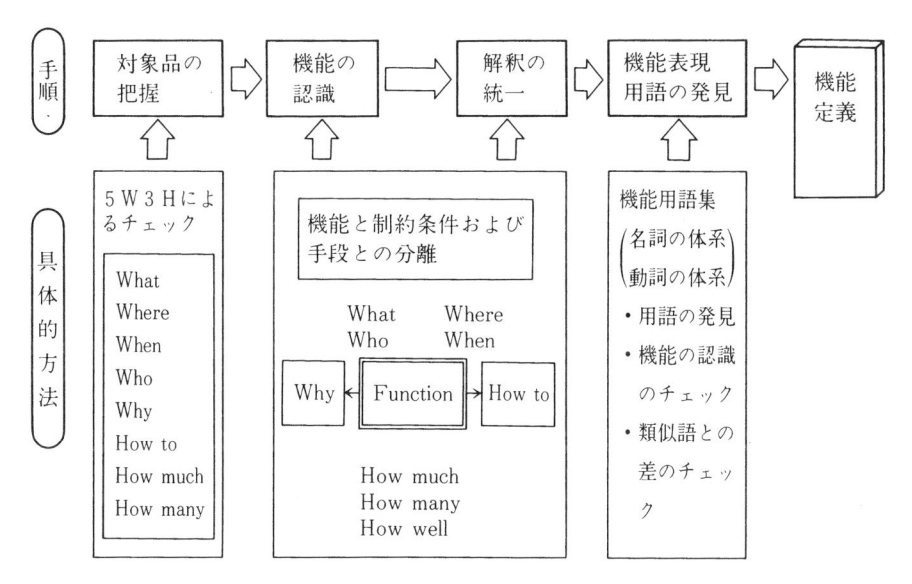

```
手順: 対象品の把握 ⇒ 機能の認識 ⇒ 解釈の統一 ⇒ 機能表現用語の発見 ⇒ 機能定義
          ⇑              ⇑              ⇑              ⇑
具体的方法:
 [5W3Hによるチェック]    [機能と制約条件および手段との分離]    [機能用語集(名詞の体系)(動詞の体系)]
  What                  What   Where                       ・用語の発見
  Where                 Who    When                        ・機能の認識のチェック
  When                  Why ← Function → How to            ・類似語との差のチェック
  Who
  Why                   How much
  How to                How many
  How much              How well
  How many
```

図表4-7 機能定義の手順とその内容

トはまさにこの機能を正しく把握するところにあるから，対象品に対する多くの情報収集結果とその分析力に負う所が大きい．

次に機能として要求されているものを機能用語を用いて定義する．もちろん，機能定義の4つのルールに従い，機能用語集を参考に実施する．以上により，機能が定義される．

4.2.5 機能定義の実践方法

機能定義を行なう方法は，大きく分けて2つある．1つは分析的定義方法であり，もう1つは演繹的定義方法である．

前者は，対象品を分析して，各構成要素なり部品などの部位に分割し，それぞれの部位がもっている働きを機能として抽出し，定義する方法である．後者は，対象品が要求されている目的から考えて，どのような機能で構成したら目的を達成できるかを演繹思考で定義していく方法である．分析的定義方法は，

主に現行品や現行作業，業務，組織に対する機能定義方法として使われる．例えば，ボールペンを例にとると，

構成要素		機能定義
ボール	………	インクを移す
ボールホルダ	………	ボールを保つ
キャップ	………	ボールを保護する
		インクの付着を防ぐ

などと部品ごとに定義していく．

作業工程や業務においても同様である．プレス工程では，穴を作る，くぼみを作る，板を曲げるなどが機能定義であり，教育業務であるとVE教育を企画する，講師を決める，教育計画を把握する，などと定義できる．

1つの構成要素なり部品，作業工程，業務は1つの機能を有しているとは限らない．むしろ，2～3の機能を持たせているケースのほうが多い．対象品を図表4-8のように，部品（部位）レベルまで分割し，それら各々の機能を定義するのである．そのためには，定義しようとする部位をとりあげ，「これは何をするものですか」の質問を投げかけ，その答を機能用語で表現する（図表4-8）．

演繹的定義方法は，主に開発品に対する機能定義方法として使われる．同じくボールペンの例だと，ボールペンの目的は，紙（またはこれに類するもの）の上に字などの形にインクをつけることであるから，このためにはどのような機能が必要かを考える．この機能を抽出するトリガーになるのが制約条件，要求事項である．そこで，開発対象の条件として挙げられたこれらの条件を用いて以下のように機能を定義する．

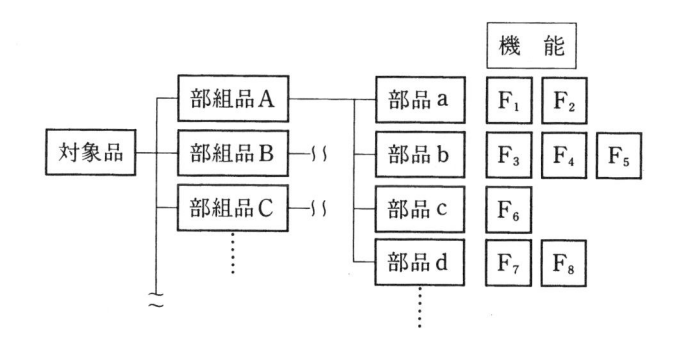

```
                              ┌─── 機 能 ───┐
          ┌── 部組品A ──┬── 部品a ──[F₁][F₂]
          │            │
 対象品 ──┼── 部組品B ─┤── 部品b ──[F₃][F₄][F₅]
          │            │
          ├── 部組品C ─┤── 部品c ──[F₆]
          │            │
          ⋮            └── 部品d ──[F₇][F₈]
```

図表 4-8 構成要素の細分化と機能定義

要求事項，制約条件	機能定義
ポケットに挿入できる	ペン先を保護する
10,000m の線が引ける	インクを移す
寿命2年	インクをためる
粘性インクを使用	ボールを転がす

　つまり，演繹的定義は対象の目的を明確に把握し，使用条件，環境条件などの制約条件や性能，仕様などの要求事項から，これらの内容を満足させるためにはどのような機能をもたせるべきかを考え，これを機能用語で表現する方法である．この方法は多少の熟練が必要で，要求している真の内容を十分つかみ，これを機能としてどのように表現するかがポイントである．

4.2.6　定義された機能の整理（機能系統図の作成）

　定義された機能のそれぞれの関連性を明確にするために，目的と手段との関係で体系的に整理する．価値工学では，機能整理の方法として，機能系統図（FAST：Functional Analysis Systems Technique）を用いる．機能整理の基本は，それぞれの機能を"目的"と"手段"に分けて整理することである．例えば電球の機能として，

"光を出す"，"電流を流す"，"フィラメントを熱する"，"酸化を防ぐ"
などが定義されたとする．電球そのものの本来の機能（その機能を取り去ってしまうとそのものの存在価値がなくなってしまう機能…「基本機能」と呼ぶ）は「光を出す」である．この「光を出す」ための手段として「フィラメントを熱する」機能があり，この「フィラメントを熱する」ための手段として「電流を流す」と「酸化を防ぐ」の機能が存在する．これを系統的に並べてみると，

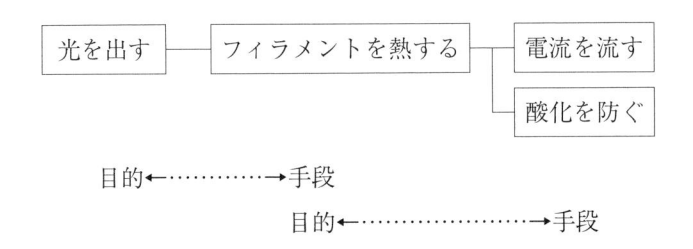

```
┌──────┐   ┌──────────────┐   ┌──────────┐
│光を出す│──│フィラメントを熱する│──│電流を流す│
└──────┘   └──────────────┘   ├──────────┤
                              │酸化を防ぐ│
                              └──────────┘
```

目的←……→手段
　　　　　　　目的←…………→手段

に整理される．また"ボールペン"で同様に整理してみると，図表4-9のようになる（一部省略）．

　以上の整理を行なうことにより，図表4-10に示すような系統図ができあがる．図に示されるように，1つの機能（例えばF_{11}）はそれより上位の機能（例えばF_1）から見ると手段であり，逆により下位の機能（例えばF_{111}）から見ると目的となる．このような関係で機能を整理することにより，機能の相互関係が明確になり，"目的"思考での発想ができる．さらに，この機能系統図において機能間での同一レベル（例えばF_1，F_2，F_3は同一レベルであり，F_{11}，F_{12}，F_{13}，F_{31}は同一レベルである）が明確になる．この機能レベルが把握されることにより，次のステップの「機能評価」を同一機能レベルで行なうことができる．

　図表4-10においてF_0の手段はF_1，F_2，F_3であり，F_1，F_2，F_3はそれぞれ独立である．F_1の手段は同様にF_{11}，F_{12}，F_{13}となる．またF_{11}，F_{111}もF_1の手段であり，かつF_0の手段でもある．ある1つの機能に着目し（例えばF_{11}），その左側（F_1，F_0）つまり目的側を上位機能，右側（F_{111}，F_{112}）つまり手段側

4.2 機能定義 **83**

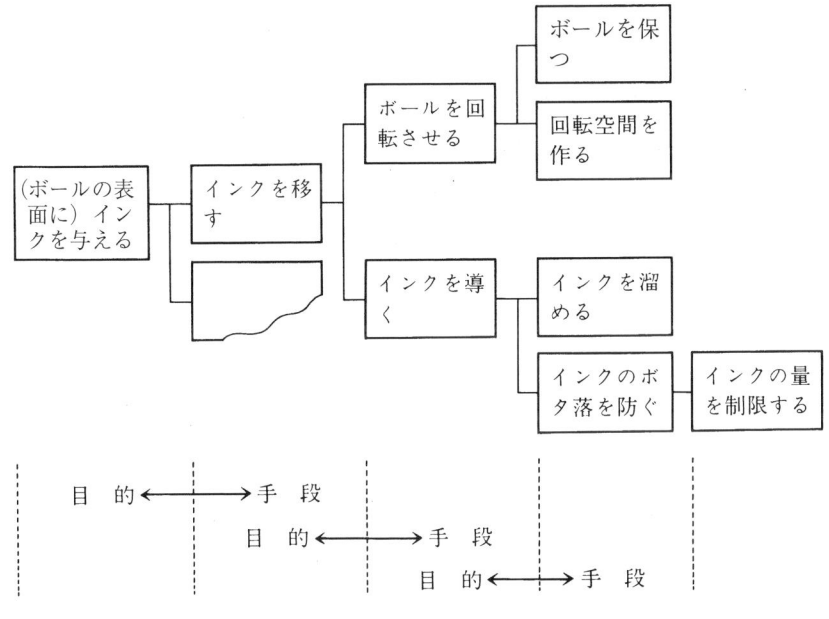

図表4-9 ボールペンの機能系統図

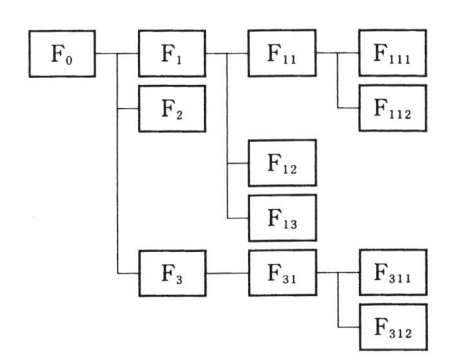

図表4-10 機能系統図モデル

を下位機能とも呼ぶ.

また，この系統図を「基本機能」（F_0の機能）から順にチェックすることにより，不足機能や重複機能，無用機能，余剰機能の発見に結びつけられる．こ

の系統図を完成することにより設計者や担当者が無意識に行なっていた行動や作業方法，構造方式などの再認識，再発見や固定観念の打破に役立てられる．

4.2.7 機能系統図の作成手順

機能系統図を作成するための手順は，機能定義の方法と同様に2つの方法がある．1つは分析的方法，もう1つは演繹的方法である．これらの違いも，現行品を規準に分析的に考えるか，現行品を離れて（現行品がない場合は当然ゼロベースで考える）演繹的に考えるかである．したがって，前者はできあがった機能系統図が，詳細手段まで展開されたものになるが，後者は，要求条件として必要とすべき機能のみの系統図となるため，手段的機能は表現されない．

(1) 分析的機能系統図の作成手順

① 対象品を部組品，部品に分解し，それぞれの部品の機能を，機能定義のルールに従って定義する．

構成要素		機能定義		各種の条件	
部組名称	部品名	名詞	動詞	要求事項	制約条件
スイッチ，部組	スイッチ，バネ	接点を	作る	バネ定数××××	スイッチ操作力 300g以下
		電流を	流す	電流容量××××	
	スイッチカバー	絶縁を	保つ	絶縁耐圧1分間1100V	

② 定義された個々の機能を下記のカードに転写する．

```
┌─────────────────────────┐
│      構 成 要 素        │
├───────────┬─────────────┤
│ 部組名称  │  部品名     │
├───────────┴─────────────┤
│      部 品 機 能        │
│  名詞      動詞         │
│  ┌────┐   ┌────┐       │
│  │○○○○│を │○○○○│する   │
│  └────┘   └────┘       │
│  要求事項，制約条件     │
└─────────────────────────┘
```

1枚のカードに1つの機能を記入する．ただし，同じ機能が出てきたら，それはカードを作る必要はない．

③ カードに機能をすべて記入し終わったら，このカードの任意の1枚を取り出し，その機能の目的（上位機能）を追求する．追求方法は"何のために「○○○○を××××する」機能が必要ですか"との質問を行ない，その回答となる内容を機能用語で定義する．

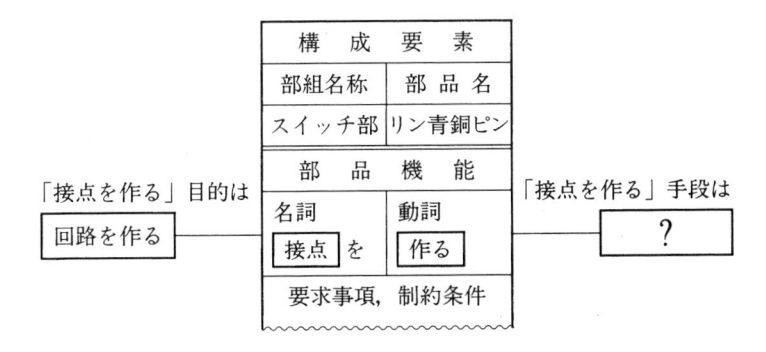

```
                    ┌─────────────────────────┐
                    │      構 成 要 素        │
                    ├───────────┬─────────────┤
                    │ 部組名称  │  部品名     │
                    ├───────────┼─────────────┤
                    │ スイッチ部│ リン青銅ピン│
                    ├───────────┴─────────────┤
                    │      部 品 機 能        │
「接点を作る」目的は │  名詞      動詞         │「接点を作る」手段は
 ┌──────────┐      │  ┌────┐   ┌────┐       │  ┌──────┐
 │回路を作る│──────│  │接点│を │作る│       │──│  ？  │
 └──────────┘      │  └────┘   └────┘       │  └──────┘
                    │  要求事項，制約条件     │
                    └─────────────────────────┘
```

目的（上位機能）が追求され，定義された段階で，この機能がカードのなかにあるかどうか検索する．もしあれば，このカードを対象としたカードの左側に置く．なければ新たにカードを作り同様に左側に置く．このようにして，次つぎにカードに着目して上位の機能を追求し，すべてのカードがなくなるまで

続ける．こうすることにより，すべてのカード（追加のカードも含めて）が関連づけられる．この段階で，時には下位の機能（手段）をチェックしてみるのも良い．答えとして，具体的な部品名が出てくるとすると，このレベルが最下位機能であると判断できる．

④ カードに記入されたすべての機能が，関連づけられて配置されたら，機能系統図のチェックを行なう．チェックの方法はまず最上位機能（対象品の基本機能）よりスタートして，"どのようにして○○○を×××する機能を達成しようとしていますか" と質問を行ない，その回答が配置されている機能になっているか，否かを確認する．この下位機能は当然1つではない．対象とする機能を満足させるための下位機能は，これだけで十分かどうかチェックすることが大切である．このようにして最下位機能に到達するまで続けてチェックは終了する．チェック段階で見落としていた機能は追加し，不必要な機能は削除する．

⑤ 各機能の要求事項，制約条件がこれで良いかチェックする．対象品に関する情報収集（ユーザ状況など），企業としての方針，他社動向などを考慮し，適切かどうか判断して再度設定する．

髪を成形する ← 髪を熱する ← 熱風をあたえる ← 熱風を発生する ← 熱を作る ← 電力を供給する ← 電流を流す ← 回路を作る ← 接点を作る
　　　　　　　髪を固定する　　　絶縁を保つ

最上位機能（基本機能）　　　　　　　　　　　　　　　　　　　　最下位機能

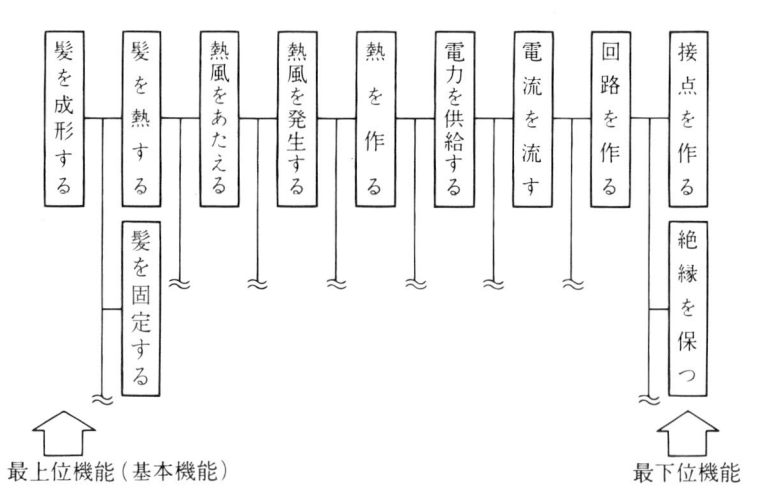

図表4-11 機能系統図作成例

以上で機能系統図の作成は終了する．図表4-11に本手順で作成したブラシドライヤーの機能系統図の一部を示す．

p.83下の「リン青銅ピン」の部品より定義された「接点を作る」が最下位機能として位置づけられ，これを出発点にして次つぎに上位機能を定義していき，最上位機能に至った結果である．

(2) 演繹的機能系統図の作成手順

① 対象品のもつ基本機能（最上位機能）を定義する．そのためには，対象品が使われる状況（使用システム）を想定し，使用者がどのようにして使い，目的を達成しているかを記述してみる．ボールペンの例だと，使用者はボールペンを使いマークを紙などにつけることが目的であるから（この使用者の目的を使用者機能と呼ぶ），これを達成するためにどのような手段をとるか順を追って整理し使用者機能に到達するまで行なう．この場合の使用者機能の1つ手前が基本機能である．

	作動体	目的語	動詞	
	手　　　　は	ボールペンを	つ　か　む	
	ボールペンは	紙　　　　に	接　触　する	
	紙　　　　は	マ サ ツ を	あ た え る	
	マ サ ツ は	ボ ー ル を	回　転　する	
	ボ ー ル は	イ ン ク を	移　　　　す	←基本機能
使用者機能…→	イ ン ク は	マ ー ク を	つ　け　る	

図表4-12にブラシドライヤーの基本機能の設定例を示す．

② 対象品にかかわる要求事項，制約条件を列挙し，これらが真の要求なり制約なのかを多面的な情報収集，専門家の意見聴取などを行ない設定する．次のような3項目に分けて収集するとよい（図表4-13）．

・社会的責任に関する情報

　法律に制定されているものや，公害など地球環境保護に関するもの，使用

```
〔手順1〕
    対象品名「ブラシドライヤー」
    状態・形「片手操作で櫛に熱風を送り，髪の毛を整えることができるもの」
〔手順2〕 何をするものですか（使用者機能）
    「髪を思うような状態に保つ」
〔手順3〕 まず，どのような行動を起こしますか．
    （機能系列の作成）
    人間はブラシをつかむ
    ブラシは髪をまきつける
    まきついた髪に熱風を送る

    基 本 機 能……  熱風は髪を成形する

    使用者機能……髪を思うような状態に保つ
```

図表 4-12 ブラシドライヤーの基本機能定義

1．社会的責任条件	2．使用者の要求	3．企業方針
① 電気取締法をまもる ② 電波障害を出さない	① 100 V 家庭用 ② 50.60 Hz でも利用できる ③ 温度　使用時 0～35℃ 　　　　保管 −10～60℃ ④ 湿度　使用時 20～90%	① すべて内作 ② 他社特許にふれない

図表 4-13 ブラシドライヤーの条件設定

者の保全に関するものなど．

・使用者の要求，要望に関する情報

品質，特性，使用方法，取得方法など使用者，またはその代弁者などの情報．

・企業方針に関する情報

　企業としてこの対象品をどのように考えているか．売価政策，製作方法，流通方法，研究投資，特許戦略，などの方針を明確に把握する．

　③　前の手順で設定された各要求事項や制約条件を機能に変換する．この変換に先立ち，機能に変換すべき項目か機能達成のための制約条件か否かを見極める必要がある．機能に変換すべきと考えた項目に関し，機能定義を実践する．

要求条件	要求機能
1. 電圧　1φ 100 V±10%	電力を供給する
2. 周波数　50.60 Hz±3%	〃
3. 温度　使用時 0～35℃，保管時～10～60℃	熱に耐える
4. 湿度　使用時20～90%，保管時10～95%	湿度に耐える
5. 騒音　70 dB 以下	雑音を防ぐ
6. 振動　25μ	振動を防ぐ
7. 外面温度上昇　外気温度+5℃	熱を遮断する
8. 全長　300 mm 以下	取扱いを容易にする
9. 重量　300 g 以下	〃　〃
10. 口径　50φ	〃　〃

図表 4-14　機能変換の例

図表 4-14 にその例を示す．

④　定義されたそれぞれの機能の上位機能に対して次つぎに"何のためにこの機能は必要ですか"と質問をし，その答えを上位機能として列挙していく．この質問を次々に上位機能に対して行ない，最上位機能（基本機能）まで到達したら，そこでこの機能に関しては終わり，次の機能に移動する．すべての機能の関連をこのようにしてつけていき，機能系統図を作成する．この関連づけは機能の数が多くなればなるほど，なかなか難しいが，著者はアンサーマトリックスを用いて数学的に処理する方法を考案し，研究会資料[5]に掲載した．この考え方を用い，パソコンで処理する方法も考えられている．機能が抽出されると，機械的に系統図が作成されることになる（旧版に記載）．また，機能の整理,系統化をする段階では,分析的機能系統図の作成のところ(4.2.7項,(1))でも述べたカードによる手法を用いてもよい．

4.3 機能評価（価値の把握と評価）

4.3.1 機能評価とは

　機能評価の役割は，明確に定義された機能を定量的に把握し，それを用いて価値の評価を行なうことである．価値は第3章で定義したように活用段階や対象で算出式は異なるので，具体的な機能評価および価値の算出，評価に関しては第5章および『応用編』の価値工学活用場面における一連の手順のなかで詳細に述べることにする．

　ここでは価値工学の基本式として下記式を解説する．価値は，

$$価値 = \frac{得られる効用}{支払う犠牲} \fallingdotseq \frac{要求機能}{総コスト}$$

であるから，価値を算出するためには，得られる効用（一般には要求機能）の定量化が必要である．しかし，機能は，"○○○○を×××する"と表現される抽象概念であるため，制約条件としての定量値は存在するにしても，定量的に評価することは難しい．そこで，価値工学では，この機能を金額や係数で定量的に把握し，価値の算出に結びつける手法を一般的にはとっている（第3章の部位価値算出式参照）．

　この機能評価を行なうことにより価値の算出に結びつけられ，その結果，①価値の低い機能分野の発見，②価値改善目標の設定，③品質向上値の設定などに活用できる．

4.3.2 機能評価の手法

　機能を評価する方法は，過去，抽象概念の定量化手法の応用でいくつか発表されている．これらの方法は，価値工学を活用する対象，目的などにより，適切に使い分けている．ここでは機能評価法の考え方とよく使われている方法について解説する．

　機能評価は，図表4-15に示すように，機能の必要度を金額値，時間など絶対値としてとらえる方法と，各機能間で相対的な評価を行ない，全機能のなかの

相対比率として表わす方法がある．前者を絶対的評価法と呼び，後者を相対的評価法と呼ぶ．絶対的評価法では，要求される機能を支払う犠牲で割った値が価値であると考える．この支払う犠牲（一般にはコストであるが，時間や苦痛などのケースもある）と同じ定量化要素（コストなど）で機能を評価しようとする手法が絶対的評価法である．いま支払う犠牲がコストで表示するケースを考えてみる．

対象とする機能が"トルクを伝える"で，これのライフサイクルコストが1000円だとすると，

$$価値 = \frac{\text{"トルクを伝える"}}{1000\text{円}}$$

となるが，これでは価値の計算が定量的にできない．そこで，"トルクを伝える"を金額値に変換するのが絶対的評価法の考え方であり，そのためにはこれと同じ機能を果たす最も安いコストを捜し，これを「値打ち」または「あるべきコスト」と呼び，この値をもって"トルクを伝える"の機能の評価値とする．この値打ちがいま仮に600円だとすると，"トルクを伝える"の価値は，

$$価値 = \frac{600}{1000} = 0.6$$

となって，価値が1以下であり，低いことが判明する．

このようにしてコストなどの定量化要素との対比で価値を把握する．図表4-15の絶対的評価法が，「値打ち」を算出する手法である．ただし，これらの方法のどれをとっても，評価しようとする機能に対して，それと同じ機能を達成する最も安い代替品を探し出すことは，評価する人の能力，経験，情報収集力などで変動することを意識する必要がある．

相対的評価法は，全体機能のなかで，目的機能に対し，どの機能がどのぐらい必要か，重要かを相対的に比較して評価しようとする考え方である．つまり，全機能を1.0としたとき，それぞれの機能は目的（基本機能）に対しどの程度重要かを，客観的に，できるかぎり論理的に定量化しようとする方法である．

価値工学で良く使用される実績価値標準法とFD法，DARE法について項

第4章 価値工学の基本技法

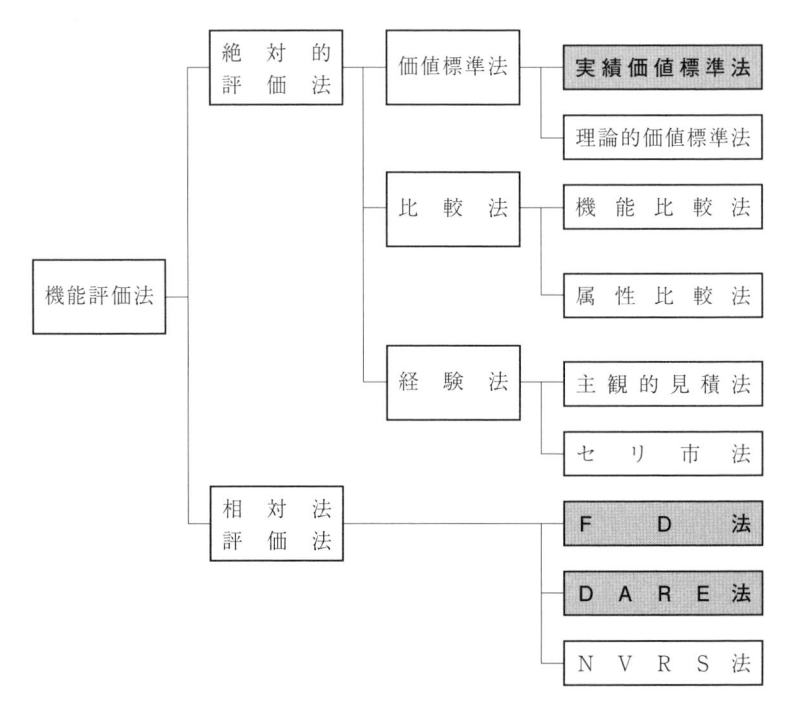

```
機能評価法 ─┬─ 絶対的評価法 ─┬─ 価値標準法 ─┬─ 【実績価値標準法】
           │                │              └─ 理論的価値標準法
           │                ├─ 比較法 ─┬─ 機能比較法
           │                │          └─ 属性比較法
           │                └─ 経験法 ─┬─ 主観的見積法
           │                           └─ セリ市法
           └─ 相対評価法 ─┬─ 【FD法】
                         ├─ 【DARE法】
                         └─ NVRS法
```

図表 4-15 機能評価の手法体系

を設けて解説する．その他は以下に概説する．

① 理論的価値標準法

　　機能達成度とコストの関数式をつくり，これを価値標準として，機能評価値を求める方法．

② 機能比較法

　　同じ機能をもつ他の物のコストを見積り，その見積りコストの最小のものを機能評価値とする方法．

③ 属性比較法

　　そのもののもっている属性（形状，材質，性質，加工法……など）を比較することによって，評価値を求める方法．

④ 主観的見積法

評価すべき機能を設定し，評価メンバー各々に，自分で支払うべきコストを出してもらい，その平均値を機能評価値とする方法．

⑤ セリ市法

評価すべき機能を設定し，評価メンバー各々が支払うべきコストをアンケート形式で出してもらい，その平均値を機能評価値とする方法．

⑥ NVRS法（Numerical Value Rating System）

製品のコストを左右する主要パラメーター（部品数・作業量・機能・複雑性・重量・材料・作業時間・信頼性・保全性）を数値で把握し，設計の評価，コスト低減の分野を導き出す方法．

4.3.3 実績価値標準法

実績価値標準法は，同じ機能を達成する手段の部品なり製品をできるだけ多く収集し，この達成コストをプロットして値打ちを推定しようとする方法である．そのために，機能に対する達成度とコストとの関係グラフを作り，そこに収集したデータをプロットして値打ちのコストを設定しようとする考え方である．

手順：

① 評価すべき機能を定義する（機能定義されているケースが多い）．
② 機能定義の名詞部分が可測的名詞となっているかチェックし，可測的名詞の場合にはこの値を，そうでない名詞で定義されている場合には，性能や信頼性，仕様などでコストに大きく関与すると思われる品質尺度（機能達成度合）を抽出する．
③ 同一機能を果たす部品なり製品，構成要素の情報収集を行ない，品質尺度（仕様や性能など）とコストを把握，整理する．
④ タテ軸にコストを，ヨコ軸に品質尺度をとったグラフを作る．
⑤ 集めたコストと品質尺度をグラフ上にプロットする．
⑥ プロット点の最低点を結んで値打ちレベルとする．

図表4-16が，実績価値標準の設定例である．

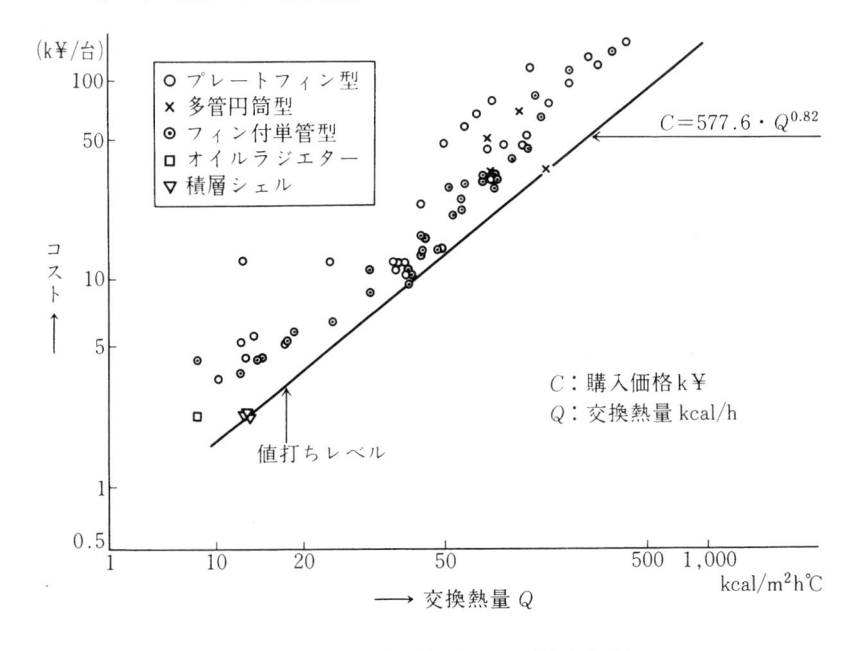

図表 4-16 実績価値標準の例（熱交換器）

4.3.4　FD（Forced Decision）法

FD法は相対的評価法の1つで，評価対象それぞれを一対ずつとり出し，より重みの大きい方に1を小さい方に0の数値を強制的に設定，これの合計値をもってそれぞれの評価対象の重みづけをする手法である．

手順：

① 評価機能を列挙する（図表4-17参照）．図表4-17の例ではA〜Eの機能が列挙されている．

② 列挙された評価機能をマトリックス表にする．

③ Aの機能とBの機能と比較で，基本機能への貢献度の視点からAの機能が，重要度が高いと判断されたら，重要度がどれだけ高いかには関係なくAが1点，Bが0点を記入，逆にBの重要度が高かったらBに1点，Aが0点と記入される．図表4-17ではAの重要度が高い場合を示す．同

FD法の例

機能系統図の構成			要求機能	A	B	C	D	E	合計	機能係数(f)
目的 (基本機能)	目的/手段		A. 圧力を保つ		1	0	1	1	3	0.3
			B. 信号を受ける	0		1	0	1	2	0.2
			C. 電流を流す	1	0		0	0	1	0.1
	目的/手段		D. 回転力を得る	0	1	1		1	3	0.3
			E. 信号を伝える	0	0	1	0		1	0.1
			総合計						10	1.0

図表4-17 FD法の事例

様に基本機能への貢献度合を一対ごとに比較,評価し,1,0をマトリックス表上に記入する.

④ すべての比較が終わったら横に得点を合計する.

ただし,機能評価の合計点が0点のケースでは,この機能の,必要の有無を議論し,必要な場合は各機能に対して0.5〜1.0の範囲ですべての機能評価値に加点する.つまり,機能評価値の合計値を0点にしない工夫が必要である.

⑤ 総合計に対する各評価要素得点の比を重要度係数とする.

これがそれぞれの機能に対する価値評価値,つまり基本機能に対する各機能の貢献度合である.

4.3.5 DARE (Decision Alternative Ratio Evaluation) 法 [3]

DARE法は相対的機能評価方法の1つである.お互いにとなりあった一対間で,どちらかを基準値1.0としたときの相手の"重み"を判定することを基本にしている.この考えをすべての評価する機能に展開して相対評価を行ない,重みづけを行なう方法である.

手順：

① 評価機能を列挙する（図表 4-18 参照）．図表 4-18 の例では，図表 4-17 と同様に A 〜 E の機能が列挙されている．

② 一対比較評価を行なう．この場合両者の比較は一方を 1.0 とした場合，基本機能への貢献度合を，比較する相手が何倍か，何分の 1 かを数値で評価し，R_i 欄に記入する．例えば，"圧力を保つ" は "信号を受ける" を 1.0 とした場合の 2 倍だけ基本機能への貢献が大きい（重要度）と判断し，"信号を受ける" は "電流を流す" の 4.0 倍の貢献があるとすれば，R_i の項にはそれぞれ 2.0，4.0 の数値が記入されることになる．以下，同様に全項目について重要度の判定を行ない R_i 欄に記入する．最後の欄にある "信号を伝える" は最上位欄の "圧力を保つ" を 1.0 して比較し貢献度を記入する．例では 0.25 となっている．

③ 次に，全体を考えて補正計算をする．この方法は，最下段の "信号を伝える" の R_i の値は，0.25 であるから "回転力を得る" はその 2.5 倍であるので，0.25 × 2.5 ＝ 0.625 の数値が入り，"電流を流す" は "回転力を得る" の 0.2 倍であるから，"電流を流す" の K_i 値は，0.63 × 0.2 ＝ 0.13 となる．以下，同様にして K_i 値を算出する．これを最上位欄まで進め，K_i 値が

要求機能	相対値 (R_i)	修正値 (K_i)	機能係数 (f)
A. 圧力を保つ	2.00	1.04	0.40
B. 信号を受ける	(1.0) 4.00	0.52	0.20
C. 電流を流す	(1.0) 0.20	0.13	0.05
D. 回転力を得る	(1.0) 2.50	0.63	0.25
E. 信号を伝える	(1.0) 0.25	0.25	0.10
合計		2.57	1.00

図表 4-18 DARE 法の事例

1.0 に近い値であることを確認し，評価結果の正しさを確認する．1.0 ± 0.2 以上の値になったら評価をやり直す．

④ K_i 値を合計する．例では合計値は 2.57 となっている．これを分母にして各機能の K_i 値を分子とし，それぞれの値を算出する．"圧力を保つ"の f は 1.04 ÷ 2.57 = 0.4 となる．同様に計算をした値がそれぞれの機能に対する機能係数である（図表 4-18 参照）．

4.3.6 機能評価の活用例（目標コストの設定）

機能評価は，目的（または基本機能）に対する貢献度や，達成手段の優先度，顧客要求特性のレベル把握（顧客価値への貢献度）などをさまざまに活用される．ここには価値概念を定量的に捉えようとする意図がある．具体的な活用方法は第 5 章および『応用編』で解説するが，ここでは 1 つ例として目標コストの設定を説明する．

機能評価手法を用いて機能係数を算出し，その結果を用いて，各機能を達成するための目標コストを設定する．価値工学的に目標コストを設定する際は，目的（基本機能）を達成させるために貢献度の高い機能に大きな期待を示す意図でコストを割り振る．

「この機能を達成するために過去にはこのような手段をとってきた．それゆえこのくらいのコストが必要である」と過去の延長で目標を設定したのでは発想の転換にはならない．基本は目的にどれくらい貢献するかである．それに見合ってコストをかける．この発想が価値工学である．つまり，貢献に応じて支払うコストを設定する考え方（3.3 節 価値の算出式を参照）である．

このことは，達成可能な目標を設定する，一律に 20％の削減といった目標設定方式とは異なる考え方である．図表 4-19 にその例を機能評価の事例を受けて機能係数，目標コスト，価値算出値を機能系統図との対比で表示した．機能定義，機能系統図の作成，機能評価を経て，代替案作成に向けての「問題の理解」と「目標の設定」が明確化される．

目標コストの設定

「機能係数と目標コスト」

機能 \ 算出項目	現状コストC	機能係数 f	目標コスト 機能コストF	価値 F/C	備考
圧力を保つ	¥200.0	0.40	120.0	0.60	各機能の価値が低い，アンバランス
信号を受ける	¥100.0	0.20	60.0	0.60	
電流を流す	¥ 50.0	0.05	15.0	0.30	F=300.0×f
回転力を得る	¥100.0	0.25	75.0	0.75	
信号を伝える	¥ 50.0	0.10	30.0	0.60	
計	¥500.0	1.00	300.0	0.60	

機能と目標コスト

	現状コストC	機能係数 f	目標コストF (機能コストF)
合計	500.0	1.00	300.0
圧力を保つ	200.0	0.40	120.0
信号を受ける	100.0	0.20	60.0
電流を流す	50.0	0.05	15.0
回転力を得る	100.0	0.25	75.0
信号を伝える	50.0	0.10	30.0

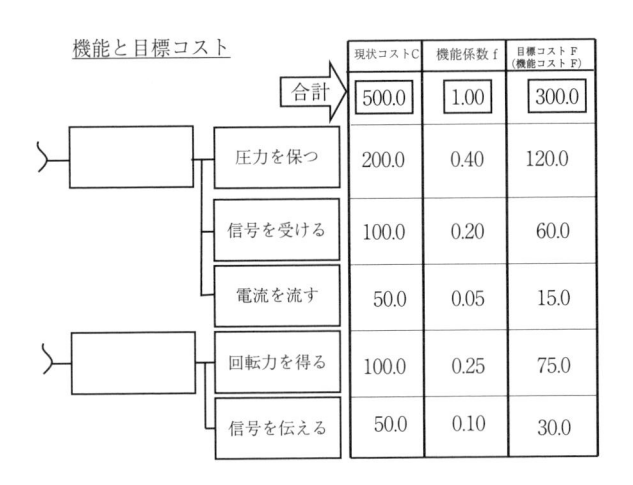

図表 4-19　機能評価と目標値の設定例

4.4 代替案の作成

4.4.1 創造（アイディアの発想）とは

　創造とは過去の知識，経験を解体，結合することによって新しい効用を実現することである．新しい効用を実現させるためには従来の延長線上での思考では限界がある．改善や改革，今日までなかった商品，発明，未知の解明などは

常に創造のプロセスを経て達成されている．この創造のプロセスは図表4-20に示すように現実の世界から想像の世界への飛躍がスタートである．さらに想像の世界から現実の世界へ着地して現実の世界で適応できる創造物をアウトプットする流れである．

しかし，飛躍し，想像の世界へ思考を発展させるのはなかなか難しいことは，発明が誰でも思うようにいかない事実を踏まえると納得できる．

そこで，現状における固定観念を打破（以下に示す三つの関）し，想像の世界に飛躍，さらに，想像の世界から現実の世界に戻り新しい効用を創造する手法が創造技法としていろいろ開発されている（4.4.3項参照）．図表4-20のプロセスを認識した上で活用することが望ましい．これを行なうには

① できるだけ多くの知識を蓄える（他人の知識の活用）
② 知識を自在に使いこなせる能力を養成する（創造技法の習得）
③ 固定観念（頭のサビ）を取り除く（創造技法の活用，態度の変革）

が必要条件となる．

価値を改善，向上するには，要求する価値に到達するための代替案を，創造活動を実践して作成する．本節では，この達成手段構築のための創造（アイディア発想）技法を中心に述べる．

アイディアの発想は，創造活動の一環として位置づけられる．あらゆる改善

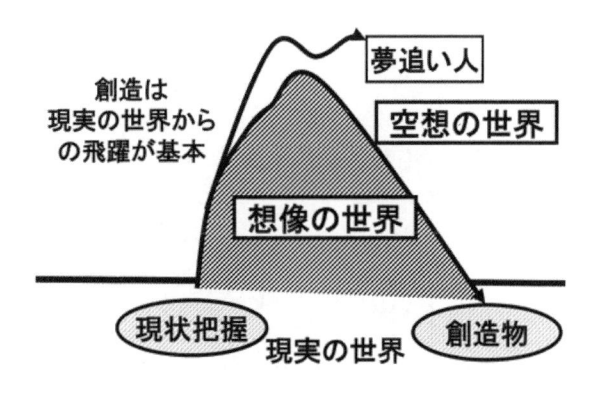

図表 4-20 創造のプロセス

活動（まったく新しいものを作成する場合も広義の改善活動）は創造活動と言えるので，価値工学はこの創造活動をサポートするツールまたは手法ととらえることもでき，常にアイディア発想のプロセスを伴う．

人間は本質的に変化（離脱）に対しては，意識する，しないにかかわらず否定的な要素をもっている．これは人間の脳細胞がもたらす潜在意識下における記憶の固定化（固定観念）に起因している．このことが創造性を発揮しようとするとき無意識の障害となる．この障害を頭のサビとか，頭が硬い，頭のコレステロールなどと呼んでおり，上記アイディア発想の3必要条件のなかでこれを取り除くことがアイディア発想の最大の焦点となる．

この障害は，図表4-21に示される「感情の関」，「文化の関」，「認識の関」の3つに分けて説明することができる．これらの関を十分認識し，これを打破し，乗り越えることで創造性は発揮できる．

(1) 認識の関

人間は自分が正しいと思うことから外れると，それを否定したり拒否したりする気持ちが働く．自分が認識していること以外にいろいろな考え方や方法，物事はあるのだが，大局的に見ることができなかったり，全体のシステムが認

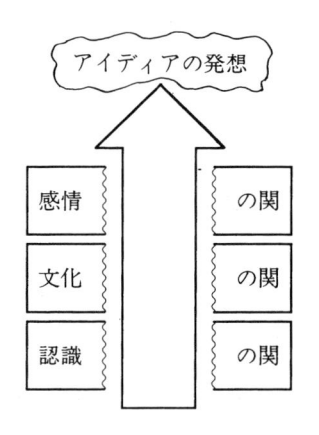

図表4-21　アイディア発想の関所

識できなかったり，自分が作った条件にしばられたり，目的と手段，原因と結果をとり違えたりする．これが「認識の関」である．「顧客のニーズに応えること」を"利益を上げる"ための手段と思っている人，"利益をあげる"ことを目的と考えている人などはこの認識の関からなかなか抜けきれないケースだ．このように自分の知識，経験から抜け出せないことを「認識の関」と呼ぶ．

(2) 文化の関

人間生活は習慣化が大きい．その人の文化，その地域の文化，その国の文化に依存して生活している．また，それらの習慣は無意識化されてしまう．そのため，これらの文化から離脱する発想しようとすると，なかなか困難である．繰返し同じことを続けた結果，その行動を否定して考えることができなかったり，法律やルールに盲従したり，学習結果や得られた知識を盲信したりする．このことを「文化の関」という．つまり，同じ方法が繰り返されたときに，1つの慣れがついてしまうような文化的制約，習慣的制約が「文化の関」であり，次のような状態がみられるものである．

a) 一定の枠の中で処理したい，規定したい
b) 白黒の判断をすぐにつけて即断即決したい
c) 空想にふけるのは時間の無駄と考えてしまう
d) 統計値，数字を信じ込んでしまう

(3) 感情の関

人間は理性の動物であると同時に感情の動物でもある．感情が良い方向へ向かえばアイディアは出やすくなるが，悪い方向へ向かうと出るアイディアも出なくなる．このような感情によるアイディアの抑制を「感情の関」という．

人間本来の特質として，誉められ，認められ，自分が周りの役に立っているという認識があると，生き生きするが，批判されたり，間違いを指摘されたり，周囲に悪感情をもった人がいたりすると，萎縮してしまう．

このような雰囲気の中では，人間は閉塞的となり，思考範囲が狭くなり，自

由な発想は難しくなる．特に，意見なりアイディアに対し

- すばらしい考えだが，そんなことはやったことがない
- みんなが納得するかね
- 他にやることがあるのでは
- 予算がない
- つまらん事を考えるな
- そりゃだめだ，やってみなくてもわかっている

などの否定用語を使われると，感情の関は完全に閉ざされる．

　以上３つの関を打ち破ることにより，より良いアイディアを数多く出すことができる．ではこの３つの関を乗り越えるにはどうしたら良いのだろうか．基本的には"関"として所持している考え方なり習慣を変えることである．これを「観点の変更」と呼ぶ．つまり，アイディア発想とはモノなりコトに対する観点を変えて３つの関を打ち破り，現状を変えることである．観点を変えるためには，図表4-22のような方法がある．

4.4.2　創造力を発揮させる諸要因

　創造力とは，能力概念でとらえた創造性である．独創力，発想力とほぼ同義と考えてよい．「代替案の作成」はこの創造力に依存するところが大きい．価値工学における創造力は，

- いかに多くの異質のアイディアを出させるか（思考拡散）
- 異質のアイディアをいかに具体案に結びつけるか（構想集約）

の２つの面から考える必要がある．これらを十分行なうために，創造力を高め

観点を変えるには
1. 創造手法，技法の活用
2. 異質な人間の導入（専門外の意見を謙虚に聞く）
3. 手順を着実に，時間の経過を意識しすぎない
4. 切迫感，危機感の認識とそこからくる意欲の醸成

図表 4-22　観点変更の考え方

るには，図表4-23に示されるように，創造技法を駆使することと，個人の想像力や直感力を高めることである．創造技法にはチェックリスト法のような個人技法のものとブレーンストーミング法のような集団技法として活用するものがある．これらの技法は，すべて過去の成功例や天才の発想を解析し，論理性と直感力の組合わせをうまくルール化し，技法化されたものである．

また，創造性に富んだ性格の持ち主となることが創造力を発揮するための1つの条件である．ギルフォードによると「創造的人格の要素」は次の6点であると言っている．

①問題に気づく力
②多角的にものを考える力
③連想の早さ，思考のなめらかさ
④思考の新しさ，非凡さ
⑤いろいろな要素を組み合わせる能力
⑥1つの原理を他の目的に使う力

資質のもう1つは創造的態度である．創造力で重要なのは，創造的欲求，意欲である．要するにやる気を起こすことで，創造活動は，やる気が重要な要素を占めている．これは創造性発揮において最も基本的な問題である．意欲の原動力になるのが目標であり，切迫感，危機感である．

意欲は，達成感を味合うためにエネルギッシュな活動力を支え，アイディア発想を推進する1つの要因となる．大脳生理学では，頭を良くするには結局，意欲をもつ，やる気を起こすことが重要であると言っている．これは，創造性

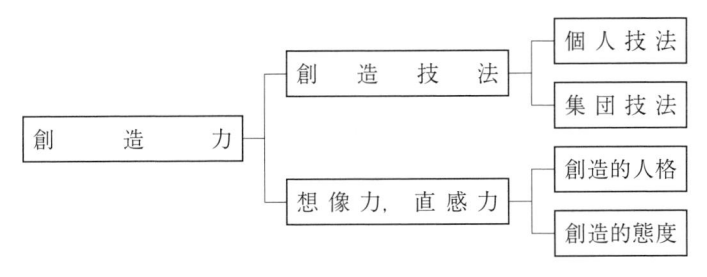

図表4-23 創造力の構成

においてもまったく同じことである.

4.4.3 創造技法の種類

創造性を高めるためにいろいろな技法が開発され，使われている．これらを分類すると，図表4-24のように，大きく3つに分類することができる．これらは論理，現実レベルの思考と非論理，空想レベルの思考方式の違いである．ここに列記した10の技法以外にまだ数多く開発，発表されているが，とりあえず価値工学の活用における代替案用として多く使用されているものを列記した．しかし，いずれの技法も，あくまで発想のための手助けや思考や情報を結合するための道具である．これらの技法を用いると自動的に発明ができたり，価値向上のための代替案が考えられると言うものではない．要は代替案に結びつけられそうなヒントを多く出し，異質な考え方をしたり，従来と違った観点で発想したりする手助けに技法を活用するということである．

4.4.4 ブレーンストーミング法 [12]

ブレーンストーミング法は，1939年，広告代理店の副社長であったA. F. オズボーンが広告関係のアイディアを出すために開発したものであり，発想技法

1. 自由連想するもの		a. ブレーンストーミング法 b. RSブレーンストーミング法
2. 強制連想するもの	2-1. 発想項目を規定するもの	a. チェックリスト法 b. 特性列挙法 c. 欠点・希望点列挙法
	2-2. 経験を整理，体系化して，発想するもの	a. KJ法 b. 形態分析法
3. 類似性を手掛かりにするもの		a. シネクティクス b. NM法, NM-T法 c. 等価変換思考法

図表 4-24 創造技法の種類

として最も普及しているものの1つである．

　これは，何人かの集団の会議において，まったく制約のないリラックスした状態のなかで，自由に空想，連想の連鎖反応を起こしながら奔放なアイディアを出していく発想技法である．ブレーンストーミングという言葉は，もともと精神病者の一時的な錯乱状態を示す言葉であるが，上記のように独得の雰囲気が，平常でない錯乱した状態を思わせるので，こういう名前がついたと言われている．価値工学において最も多く使用されている創造技法である．

　この方法は，基本的に次の4つの規則を忠実に守らせ，自由に思考を拡散させることを意図している．

　① 批判禁止 ……………出されたアイディアを「良い」，「悪い」，と批評，批判をしないこと．当然，自分に対しても批判しないこと．
　② 自由奔放 ……………思いついたことは，たとえそれが滑稽なもの，奇抜なものでも思ったことを自由奔放に発言する．
　③ 量を求める …………アイディアの数を多く出すことに注力する．そうすることにより質の高いアイディアが出る可能性が高まる．質より量である．
　④ 便乗歓迎 ……………他人の出したアイディアを加工して自分のアイディアとする．また他人のアイディア同士を組み合わせて新たなアイディアにする．

　チームの構成は，
　　　　リーダー：チームのまとめ役，司会者
　　　　セクレタリ：アイディアを記録する人
　　　　ストーマ：アイディアを出す人
が一般的である．参加者は5～10人が適当と言われている．

4.4.5　RSブレーンストーミング法[9]

　RSブレーンストーミング法は，ブレーンストーミング法の応用で，与えら

れた刺激に対して反対の境遇や相反した過去の経験を思い浮かべて連想する方法である．例えば

　　　　太った人　⟶　やせた人
　　　　多　　数　⟶　少　　数
　　　　黒　　字　⟶　赤　　字
　　　　山　　　　⟶　川
　　　　金　　持　⟶　貧　　乏

などを意識して行なうことにより，異質なアイディアを抽出しようとする手法である．

　人間の思考には慣性（認識の関）があって，一定の見方をしてしまうと反対方向の思考はなかなかできにくい．そこで，意識的にこの反対連想を行なわせるようにしたのが，「RS ブレーンストーミング」である．例えば，機能定義の動詞を他動詞的な使い方から自動詞的使い方に変えて発想を行なってみる．

　　　　道 を あ る く　⟶　道 が あ る く
　　　　ド ア を 開 け る　⟶　ド ア が 開 く
　　　　危 険 を 避 け る　⟶　危 険 が 避 け る
　　　　糸 を 巻 く　⟶　糸 が 巻 き つ く

RS ブレーンストーミングには以下のような効果がある．

① 意識的に反対の方向を見ることによってアイディアの片寄りを防ぐ
② 反対方向の観点より見ることによってアイディアを多く出せる
③ ユニークな面白いアイディアを得る可能性がふえる

4.4.6　チェックリスト法

　チェックリストは，本来なされた行為や思考が正しいかどうかを判定するためのものであるが，ここでは，アイディアの発想を促す観点から創造技法として使用している．

　ただ漫然とアイディアを出すよりも一定のパターンに従って出したほうが出しやすい場合がある．さらなるアイディアがないか，もっと別の見方が追加で

きないか，というような場合に，チェックリストがあると非常に便利である．

チェックリストをあらかじめ作成，または設定しておき，発想を目的として使用する技法が「チェックリスト法」である．

しかし，このチェックリストを具体的なものにすればするほど，アイディアの範囲も絞られ，また，チェックするのに多くの時間がかかる．反面，簡単で抽象的なチェックリストになるほど，アイディアの範囲が広がるが，アイディアの数は少なくなる傾向がある．

チェックリストの中で簡単で有名なのは，以下に示すブレーンストーミング法を考案したオズボーンのチェックリスト[12]である．そのチェック項目は以下のとおりである．

(a) 他に使い道はないか
(b) 他からアイディアは借りられないか
(c) 変えたらどうか
(d) 拡大したらどうか
(e) 縮小したらどうか
(f) 代用したらどうか
(g) 入れ替えたらどうか
(h) 逆にしたらどうか
(i) 組み合わせたらどうか

4.4.7 特性列挙法

特性列挙法は，ネブラスカ大学のR. P. クロフォード教授の唱えた方法で，自分の理解できる他のモノの特性に置き換えて考える．これは，製品の分析に使ったり，アイディアがいきづまった時に，さらにアイディアを生み出す場合に役立つ．

アイディアを発想する場合に，テーマ全体を取りあげると，アイディアが出なくなることがある．このときは，テーマを細分化し，見方を細かくすると，アイディアは出しやすくなる．すなわち，モノにはそれぞれ特性なり性質があ

る．この特質を全部挙げ，そのそれぞれをどう変えるべきかを考えることにより，ただ漠然とテーマ全体をながめて発想するよりもはるかにアイディアが出やすくなる．このように特質を中心に追求しアイディアを出すテクニックを「特性列挙法」という．

個人で発想につまった時，あるいはブレーンストーミングなどでアイディアがつまった時に，この見方を適用すると効果的である．特性の引き出し方には種々の方法があるが，一般的に使用されている特性は次のようなものがある．

(a) 名詞的特性

モノ，コトには必ずそのものを構成する部分，あるいは要素がある．すなわち全体，部分，材料，製法という見方である．例えば，環境システム，空調機，熱交換器，金属，プラスチック，切削，鋳造などで，そのモノ，コトを名詞で表現できる要素を挙げ，これに着目する方法．

(b) 形容詞的特性

そのものの形容詞的特性，すなわち軽い，重い，美しい，汚ない，快適な，長い，冷たい，などの要素の特性を挙げ，これに着目する方法．

(c) 動詞的特性

そのもののもつ目的，機能として表現できるもので，切る，結ぶ，上げる，動かす，開く，塗る，設けるなどを挙げ，これに着目する方法．

4.4.8　欠点・希望点列挙法

(1) 欠点列挙法

対象にしているテーマについて「その欠点は何か」，あるいは，その欠点をなくすにはどうしたらよいかというように，対象の欠点を見ることによって，発想したり，また具体化する段階のテクニックとして活用するのが，この欠点列挙法である．

改善の本質は欠点を知り，これをなくすことである．この世の中の新製品の多くも従来ある欠点や欠陥をみつけ，認識し，これを取り除いたものである．そのために，対象とするモノ，コトに対し何が不便か，何が難しいか，うまく

できないところはどこかなど欠点を挙げ，これを解決する方法を考える（アイディアを出す）ことが創造活動に効力を発揮する．

しかし，そのモノやサービスを普段使用したり，製造したりしていると，慣れが災いし見えなくなってしまうケースがよく見られる．「携帯電話の欠点は？」の問いに，"料金がかかること"と答えが返ってくることは意外と少ない．欠点を見つけることは意外と難しい．実行が難しいことがこの方法の短所である．しかし，本質的な欠点，だれもが発見し難い欠点を列挙し，それを解決できたら，大きな効果が得られる．

(2) 希望点列挙法

いま，対象にしているテーマについて，ああしたい，こうしたら良いという希望や願望からアイディアを発想するテクニックが希望点列挙法である．

前出の欠点列挙法とこの希望点列挙法の大きな違いは，欠点列挙法が顕在化された部分を中心に考えるのに対し，希望点列挙法はより積極的に潜在的な未来へ志向する部分を中心に発想する点にある．したがって希望点列挙法のほうが思考範囲が広い．

例えば，パソコンに対する希望点として，
- 話し言葉で入力ができる
- 視力に応じて自由に変化するディスプレイ
- 大きさが変えられる（移動の時は小さく，使用の時は大きく）
- 電源がいらない機器
- 単語だけの入力で文章にしたい

などの項目は直ちに列挙でき，しかも商品化されつつある．

4.4.9　KJ法[10]

KJ法は，文化人類学者で，当時，東京工業大学教授だった川喜田二郎氏が1964年に『パーティー学』（川喜田二郎著，社会思想社・現代教養文庫）のなかで，多数の異質的データを統合し，イメージを構成する創造の技術として紹

介したことにはじまる．KJ法という名称は，開発者・川喜田二郎の頭文字をとって名づけられた．

　KJ法は，関係ありそうなデータを積極的に集め，これらのデータをバラバラにカード化し，そのカードをながめることを通して感じられることをかかげ，新しいアイディアを連想させようとする方法である．KJ法のプロセスは，カード作り，構造化，発想の3段階に分けて考えることができる．以下の手順を踏むことにより，ばらばらのデータから新たな着想を得ることができる．

(a) カード作り

　ブレーンストーミングや調査によって得られたいろいろな情報を素材にカードを作る．

(b) 構造化

① カードを広げ，じっくりながめ，共通点があるものを集めていく．

② 集まったカード群にグループ名を書いた表札をつける．そして表札とカード群を束ねる（小表札）．

③ グループに入らないカードは，一匹狼として単独に表札をつける．

④ 次に表札同士をながめて，また同じようにグループを作り，各グループに名前をつけて表札の表札を作る（中表札）．

⑤ ④と同様にして大表札をつけ，全体を構成する（大表札）．

⑥ 各チームの内容を再吟味し，配置する．つまり，関係の深いデータ，表札は近く，関係の少ないカードは離す．

(c) 発想

① 大，中，小の表札をみて，それぞれの表札をヒントにして自由に発想する．ただし，グループの中にあるものは除外する．

② 各表札の相互関係に目を向け，お互いの関係する部分に，別の観点，もれている，気づいていない事項はないかを考えてみる．

4.4.10　形態分析図 [8]

　形態分析法は，カリフォルニア工科大学のフリッツ・ズウィッキー教授が考

案したもので，テーマに影響している主要構成要素を組み合わせ，アイディアを発想する方法である．そのために，問題解決の枠組みを，多角的かつ総合的にとらえ，あらゆる可能性を検討する分析図を下記の手順により作成することが特徴である．

作成手順：

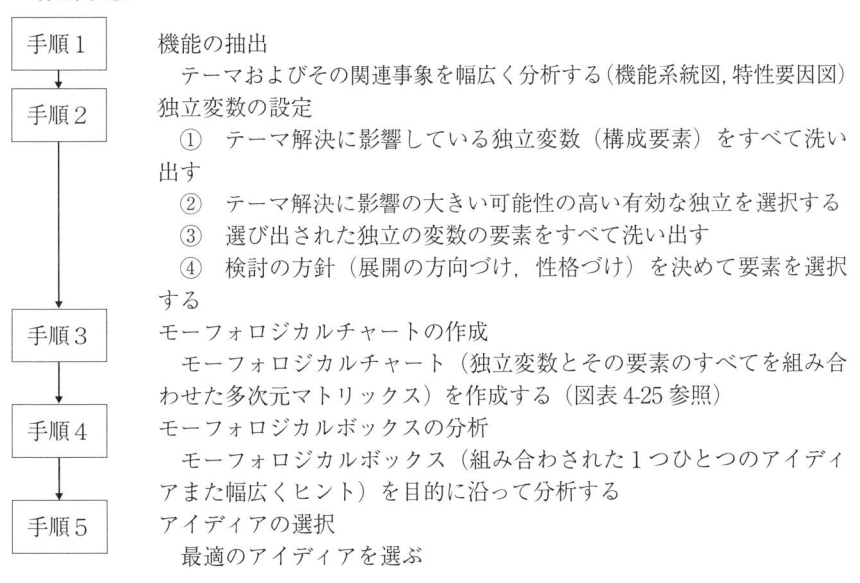

手順1　機能の抽出
　　テーマおよびその関連事象を幅広く分析する（機能系統図,特性要因図）

手順2　独立変数の設定
　　① テーマ解決に影響している独立変数（構成要素）をすべて洗い出す
　　② テーマ解決に影響の大きい可能性の高い有効な独立を選択する
　　③ 選び出された独立の変数の要素をすべて洗い出す
　　④ 検討の方針（展開の方向づけ，性格づけ）を決めて要素を選択する

手順3　モーフォロジカルチャートの作成
　　モーフォロジカルチャート（独立変数とその要素のすべてを組み合わせた多次元マトリックス）を作成する（図表 4-25 参照）

手順4　モーフォロジカルボックスの分析
　　モーフォロジカルボックス（組み合わされた1つひとつのアイディアまた幅広くヒント）を目的に沿って分析する

手順5　アイディアの選択
　　最適のアイディアを選ぶ

つまり，図表 4-25 に示すように，いろいろな要素を整理して体系的な分析図を作り，それぞれ交点で新しい発想，考え方が生まれることを意図した手法である．これには，2次元で整理するもの，3次元で整理するものなどがある．

4.4.11　シネクティクス法 [14]

独創力技法の中で有名なウィリアム J. J. ゴードン（William J. J. Gordon）によって開発された方法で，創造的人物の心理を洞察分析し，その結果，次のような仮説のもとに体系化したものが「シネクティクス」である．このシネクティクス（SYNECTICS）という言葉は，"異なった，そして一見関連のない

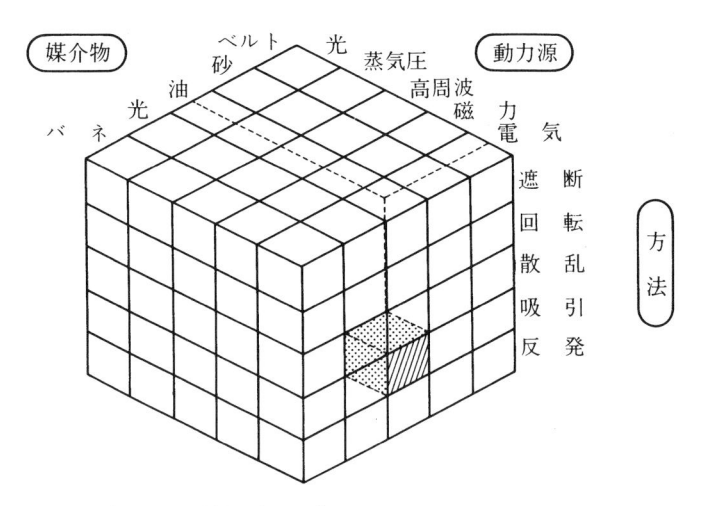

図表 4-25 形態分析図（モーフォロジカルチャート型）

要素を結びつける"という意味である．

ゴードンの仮説は，以下のようなものである．

① 人間の創造過程を具体化し，明確にすれば，個人またはグループの創造力を増すため非常に役立つ
② 芸術と科学の創造過程は，その心理過程で非常に似ている
③ 創造活動において，個人で行なう過程とグループで行なう過程は，直接的な類比をもっている．類比（Analogy）とはいろいろなモノやコトの共通要素を抽出し代替できる要因を見出すことである．

この考えを踏まえ，シネクティクス法は次の9段階の手順で構成されている．

第1段階……問題提起（problem as given）
第2段階……異質馴化（making the strange familiar）
第3段階……問題把握（problem as understood）
第4段階……実践的メカニズム（operational mechanism）
第5段階……馴質異化（the familiar made strange）
第6段階……心理状態（psychological states）
第7段階……問題との融合状態（states integrated with problem）

第8段階……観点（view point）

第9段階……解答，研究目標（solution or research target）

まず，問題を把握し，対象が何であるかを明確にする．次に，問題がどのようになっているかを自分の知識，経験に照らし合わせて理解し，いままで明らかにされていない重要な要素まで発見する．構成要素に分解し分析することによって，いま，提起された問題について完全に理解する段階が，問題把握の段階である．

理解し把握された問題に対して類比を展開する．類比には次の4つのメカニズムが存在する．

① 擬人的類比……自分がそのものになり切る
② 直接的類比……似たものからヒントをつかむ
③ 象徴的類比……審美的なイメージからヒントをつかむ
④ 空想的類比……願望の産物・空想・夢などからヒントをつかむ

この問題をいろいろな知識，情報から類比的に抽出し，結合したり発展させて解決するための発想を行なう（馴質異化）．このときの心理状態は，対象物なり，コトから離れ，空想の世界に没頭する（心理状態）．この類比の心理状態が完全になされると，より適切な類比が，把握した問題との対比で評価，融合できる（問題との融合状態）．そして問題を解決する具体的な見方（観点）が得られる．そこで，これを実行に移すために，原理を検証したり，観点を発展させて，良いものにする手順である．

4.4.12 NM法，NM-T法 [11]

NM法は，シネクティクス法をヒントにして，1968年に，中山正和氏（NMは中山氏のイニシャル）が考案し，発表したものである．

このNM法は，あるものの機能・構造・形態あるいはしぐさ・動き・感じ・イメージなどの共通要素から別の新しいものを思いつくという発想のメカニズム（類比思考）を使っている．この類比思考をパブロフの条件反射学をもとにした記憶モデルの考え方にあてはめ，発想法として体系化したのがNM法で

ある.

NM-T法は，このNM法を高橋浩氏が改善したものであり（NMは中山，Tは高橋のイニシャル），今日ではこのNM-T法が主に使用されている.

「NM-T法」は，テーマの本質，構成する要素を現わす抽象的な言葉をキーワード（KW）として設定し，そのKWから質問の形式をとって，類比的発想をし，多角的にアイディアを引き出そうとする技法である．NM-T法の手順（図表4-26）を以下に示す．

(a) キーワード（KW）を用意する

まずテーマから，そのテーマの本質，構成する要素を表わす抽象的な短い言葉をとり出す．これをキーワードという．このキーワードは動詞または形容詞とし，いろいろな連想が出やすい簡潔な表現のものを選ぶ必要がある．価値工学への活用の場合には動詞を用いるケースが多い．図表4-26の例では「まわす」がKWとして設定されている．

(b) QA（Question Analogy）

「キーワードから何を想い出すか」と質問することにより，類比の手掛かりを引き出すステップである．この類比の手掛かりは直感的に頭に浮かんだ事柄でよい．これをAデータと呼ぶ．

(c) QB（Question Back-ground）

類比的思考の手掛かりになる情報を直感的に出されたAデータを見ながら「それはどうなっているか」，「どんな機能をもっているか」，「そこでは何が起こっているか」，「それはどんな特質，特性をもっているか」などの質問を発してその答えを引き出していく．QBによって出されたデータをBデータと呼ぶ．

(d) QC（Question Conception）

Bデータを見ながら「これはテーマの解決に対して何か示唆していないか」，「類比性から解決するヒントはないか」，「解決のための共通因子は何か」などの質問をして，アイディアを引き出すステップである．出てきたものをCデータと呼ぶ．

(e) QCによって出されたCデータを，解決すべきテーマと整合性をとりな

4.4 代替案の作成　**115**

対象製品： レコードプレーヤ用ターンテーブル
テーマ： ターンテーブルを回転させる。

ⓐ 抽象化 → キーワード：まわす

ⓑ Aデータ → 遊園地の観覧車 ／ モータ ←(Aデータ)→ コマ

ⓒ Bデータ → 周速を利用 ／ 人が乗る ／ 軸受がある ／ 磁気を使っている ／ 慣性でまわる ／ 中心にシャフトがある ／ ひもでまわす
(Bデータ)

ⓓ Cデータ → キャ・モータ ／ レコード板をのせる ／ ローター・ステーター ／ 重量をもたせる ／ ／ (ベルト ひも)
(Cデータ)

ⓔ 組合せ Cデータ
　　リムドライブ方式　　アウトロータダイレクトドライブ方式　　インロータダイレクトドライブ方式　　ベルトドライブ方式
（アイドラーモーター）　（ローター／ステータ軸受）　（ロータ軸／ステータ）　（モータ／軸受）

図表 4-26　NM-T法の適用例

がら整理，展開，熟成させて構想を集約していく．具体案に結びつけるためのアイディアを追加していくことも大切である．

以上がNM-T法の基本的手順である．

NM-T法は，分析・論理と飛躍・非論理・空想の面から問題解決の方法を多角的に拾い出そうとする手法であり，思考を拡散させ，システム的に思考し，終局的には，構想集約させようとするものである．

この技法は価値工学の活用場面においてしばしば使用される．特に，大幅に価値の向上を図らねばならないケースや異質性を期待するテーマに対し，空想的発想から現実性ある形にスムーズに移行しやすいという特徴がある．

4.4.13 等価変換思考法 [13]

等価変換思考法は，同志社大学の市川亀久彌教授が，人間の創造の諸過程を論理的に追求することにより発見した方法である．異なった対象の一方，もしくは双方に適当な思考観点を導入して，両者の相関関係に等価的な対応を作り出し，これを創造の原点にしようとするのが等価変換思考法である．

この関係を表現するのに，論理式として下記の等価方程式を提示している．

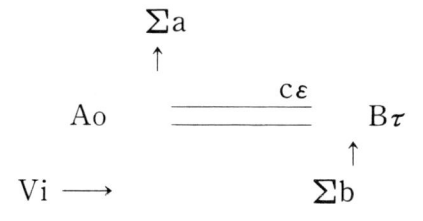

$$
\begin{array}{c}
\Sigma a \\
\uparrow \\
A o \underline{\qquad c\varepsilon \qquad} B\tau \\
\uparrow \\
Vi \longrightarrow \qquad \Sigma b
\end{array}
$$

ただし，o ：Aという事象の座を占めている系（原案）
　　　　τ ：Bなる事象の座を占めている系（変換系）
　　　　A ：原系oの上に出現している事象
　　　　B ：変換型τの上に出現している事象，またはcεの媒介によりτ上に再編成された事象
　　　　ε ：式の両辺を符号で結ぶことを可能にする等価次元（等価対応の次元）

c ：上記等価次元を具体的に定義する限定条件
Σa：出発系（o系）の特殊化的条件群
Σb：到達系（τ系）の特殊化的条件群
Vi ：任意の観点の中の1つ
→ ：思考方向の指示

この等価方程式により思考を拡散，集約しようとするもので，この式は次の意味をもっている．

① Ao, Bτともに既知に属している場合に適当な観点Viによって，両者に共通するcεを抽出して上式を成立させることを，両者の等価関係を発見したという．

② 既知であるAoを適当な観点Viの導入によってcεにまで抽象化し，Σaを排除，これに右辺の変換系における新しい条件群（Σb）を加えて再編成することを，AoからBτへ等価変換したという．

すなわち，関係のない2つの事柄に共通点を求め，その共通点を，問題解決に利用しようとする考え方である．

例えば図表4-27のように，温水の循環ボイラーを対象に取りあげ，これの改善アイディアを求めようとする．世の中に存在するいろいろな循環系のなかから，血液の循環を取りあげたとすると，これを等価方程式のAとし，この循環ボイラーと人体の血液循環の関係を方程式にあてはめ，これらの対比により，血液循環の静脈と動脈との関係とボイラーの温水と冷水との流れの構成から等価的発想ができる．

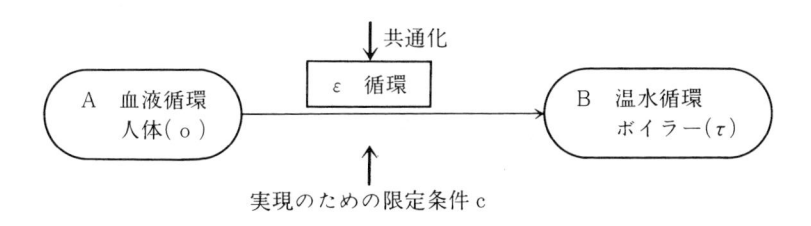

図表4-27 等価変換思考法の適用例

結果として温水の循環を効果的に行なう経路構成が可能となり，新たなボイラーが創造された．

参考文献

[1] 主査 手島直明:『機能用語の選定とその分類体系』，日本VE協会，1981年．
[2] 田中雅康:『VE（価値分析）』，マネジメント社，1986年．
[3] 産能大学VMセンター:『VEの基本』，産能大学出版部，1986年．
[4] 主査，山路陽三:「FASTマニュアル」，VE資料24，日本VE協会，1976年．
[5] 主査，武井健治:「機能分析技法」，研究資料2，日本VE協会，1982年．
[6] 玉井正寿:『価値分析』，森北出版，1978年．
[7] 主査，新牛込慶郎:「民間企業におけるPTCの適用」，VE資料40，日本VE協会，1979年．
[8] 主査，岩崎武俊:「グラフィックVE 31」，VE資料67，日本VE協会，1989年．
[9] 佐藤良，村田晃一:『管理・事務のバリューデザイン』，日本経営合理化センター，1974年．
[10] 川喜田二郎:『発想法』，中公新書，1966年．
[11] 高橋浩:『新しい発想技法』，経営開発センター出版部，1978年．
[12] A. F. オズボーン（上野一郎訳）:『独創力を伸ばせ』，ダイヤモンド社，1982年．
[13] 市川亀久彌:『独創的研究の方法論』，三和書房，1960年．
[14] W. J. J. ゴードン（大鹿譲，金野正訳）:『シネクティクス』，ラテイス，1964年．
[15] 手島直明，柴田高雄:『実践コストエンジニアリング』，日科技連出版社，1990年．
[16] Stuart Crainer, *The Management Century*, Booz-Allen & Hamilton Inc., 2000.

第5章　原価低減のための価値工学の活用

5.1　原価低減の意義

　一般に企業が利益を確保するには，図表5-1に示される3つの方法が考えられる．

　第1には，商品価格の"値上げ"である．①の方向に価格をあげれば利益の面積（斜線部分）が拡大し利益は確保できよう．また，②の"売上の拡大"も同様に利益は増える．これは，販売努力，宣伝努力により成果が表われる要素のものである．そして，③の原価低減は，販売価格に応じて利益を確保するための企業努力として発生原価を低減する活動である．

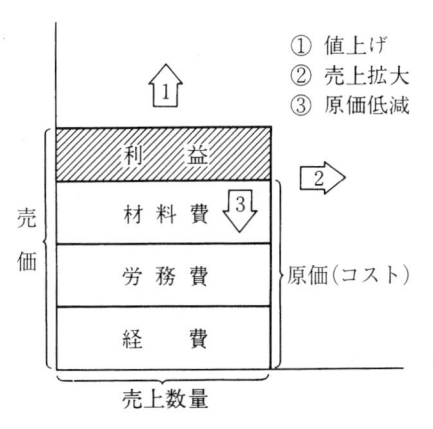

図表5-1　利益確保の3つの方法

120 第 5 章 原価低減のための価値工学の活用

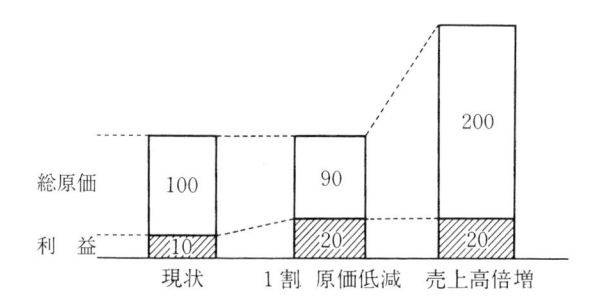

図表 5-2 原価低減の効果

いま，図表 5-2 に示されるように，総原価を 100，利益 10 の製品について 10％の原価低減を行なえば，総原価は 90 となり利益は 20 確保できる．しかし，これと同じ利益を以前の原価構成のままで確保しようとすれば，売上高を 200 にしなければならない．さらに，①の売価アップは企業間競争下においては非常に難しい．つまり，1 割の原価低減は概ね売上の倍増にあたるのである．それゆえに，原価低減は企業にとって利益確保の有効な手段となる．

次に，企業における利益の算出構造は下記の 3 つのケースが考えられる．

売価 − 利益 ＝ 原価　……（1）

原価 ＋ 利益 ＝ 売価　……（2）

売価 − 原価 ＝ 利益　……（3）

式（1）のケースは，市場売価を予測し，そこから企業が存続，発展するために目標とする必要利益を差し引いた残りを目標原価として製品原価を管理する目標利益方式である．式（2）のケースは製品をできる限り安い原価で作り，それに必要利益を加えて売価とし顧客に提供する必要利益方式である．式（3）のケースは売れる価格で販売し，原価を販売額から差し引いた残りを利益とする結果利益方式である．

原価管理の仕組み，考え方が明確でない企業や先行製品で売価が企業サイドで決定できる製品などでは式（3）のケースがしばしば見られ，終わってみれば赤字だったとか，黒字だった，とするものである．1990年代以降は式（1）または式（2）のケースが，原価管理において主体となっている．

先進諸国に追いつき追い越せの1960年代〜1980年代は，製品生産における性能，品質の確保は目標原価達成より，ともするとプライオリティが高く，その結果"いくらで作るか"とする式（1）の目標原価管理による利益確保方式よりは，"いくらで作れたか"を把握してそれに利益を加え，売価とする必要利益方式，式（2）のケース）が主体となっていた．

しかし，技術的にも製品構成的にも先進諸国のキャッチアップは終了したとみなされる1990年代以降，品質，性能と同等に原価の管理，統制は商品競争のためには不可欠となってきている．そのため，式（1）による目標利益方式が主体になりつつある．

利益管理を原価低減との関係で見ると，売価は需要状況，競合他社の値づけ，法的規制，社会的制約など外的条件により設定されるのに比べ，原価は，設備力，部品，資材の調達力，技術力，人的資源など，企業内の状況により決定される．それゆえ，売価と原価はお互いに制御しにくいため，乖離が生じがちである．結果として売価以上の原価になるケースが発生し，利益確保に苦慮する．したがって，適正利益を確保するための原価管理は必要不可欠であり，ここに原価低減（原価管理）の意義がある．

以上のように，企業にとって原価低減は，企業存続，発展の重要な要素の1つであり，そのための手法，方策が各企業でいろいろ工夫されている．

原価低減の手法は企業の成熟度，原価低減手法の開発，時代の要請とともに変化し，図表5-3に示すように，2000年代以降は式（1）に力点を置いて目標コストに向けてコストを創り込む手法（コストエンジニアリング）が主体となってきている．そこには「原価を低減する」と考える結果管理方式から原価を発生させる段階で原価を制御するプロセス管理方式への転換がうかがえる．その一方で，企業における現行製品の原価低減活動がますます盛んになってきて

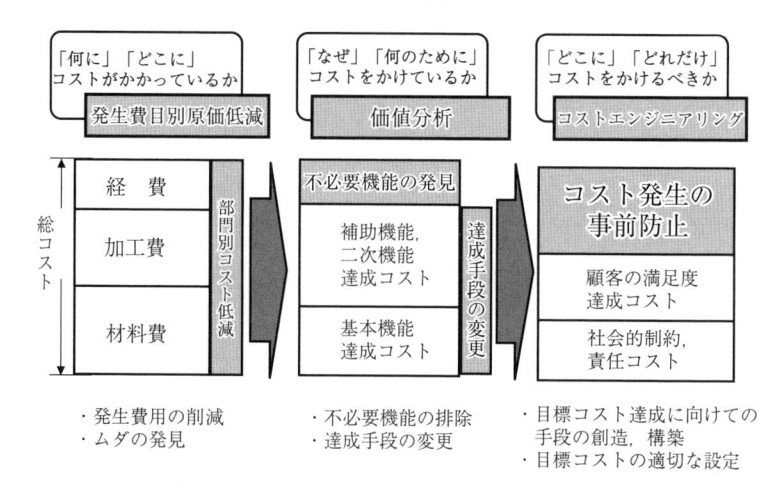

図表 5-3 原価低減方法の変遷

いるのも事実である．

5.2 原価と原価分析

5.2.1 原価とは

　原価低減を目的にして価値工学を活用するにあたって，まず原価とは何か，どのような用語がどのような意味で使われているかなどを解説しておきたい．
　「原価」およびそれに関連する用語の「費用」，「支出」は，広辞苑によると，
原価……①商品の製造，販売，配給など経済的行為をなすために，消費する
　　　　　財資および労働価値を単位当りに計算した価．生産費．
　　　　②仕入値段，もとね，卸値段，コスト．
費用……①物を買い，または使用するために要する金銭．
　　　　②特に企業生産上の目的のために消費される財の価値や，借りた資
　　　　　本の利子などの総称．
支出……①ある目的のために金銭を支払うこと．

②国家または地方公共団体がその職能遂行のために支払う経費.
と定義されている.

「原価」とは，企業が商品化（製品またはサービスなど）して顧客に届け，活用され，廃棄，消滅される過程において消費される財貨や，労働の経済価値と考えられる.

原価は，企業によりその把握方法は多少異なるが，一般には資材費，労務費（加工費），経費に大別され，発生費用ごとに分類，把握，管理，統制されている．さらに，これらの発生費用の管理，統制のために，いろいろな局面，場面で原価の呼称は使い分けられている.

図表5-4には販売価格との対比で，それぞれの原価の一般的な呼称と構成範囲を示した．製造原価は，製品を作るにあたって直接発生する材料費，加工費などの直接費と材料調達や加工を効果的に行なうための管理に要する費用や設計費，その製品に関する研究費などの間接費とで構成される．それに営業や宣伝，販売を行うための営業販売費を加えたものが営業原価と呼ばれている．この営業原価に研究開発費，経営管理費など全社で共通的に発生する費用を加えたものが総原価である.

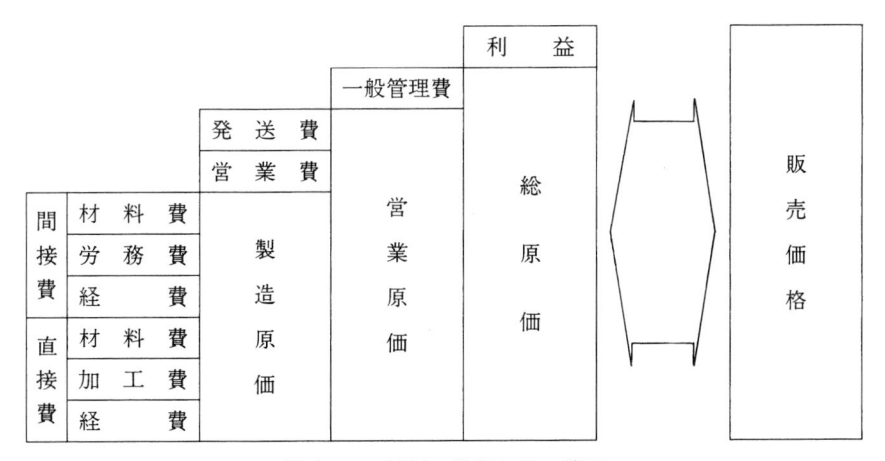

図表5-4 原価の種類とその範囲

このほかに，一定単位の製品に対して集計された原価を製品原価と呼び，一定期間に発生した原価を期間原価と言う．

原価の構成内容およびその把握方法は，業種，業態，企業規模，企業風土などで厳密には異なる．同じ部品構成，製造方式であっても企業ごとに製品原価が異なる場合がある．価値工学を原価低減に適用するにはこれらを考慮し，製品別にその企業や事業に応じた原価を把握することが基本となる．例えば，半導体や電子部品などでも部門別原価把握からさらに分解し，部品ロット，機種ロット（半導体などを製造している企業にとってはこれが製品である）ごとに原価を把握する必要がある．図表5-5には要素別に把握された原価を機種（部品）ごとの原価に展開する手順を示す．

原価低減を目的として価値工学を活用する段階では製品別原価の把握が必要であり，重要となる．製品別原価計算は原価要素を一定の製品単位に集計し，仕分けをする．製品に賦課されるものは直接費として製造指示書番号に統合し，製品間接費については部門費計算の過程で一定基準により製造間接費として配

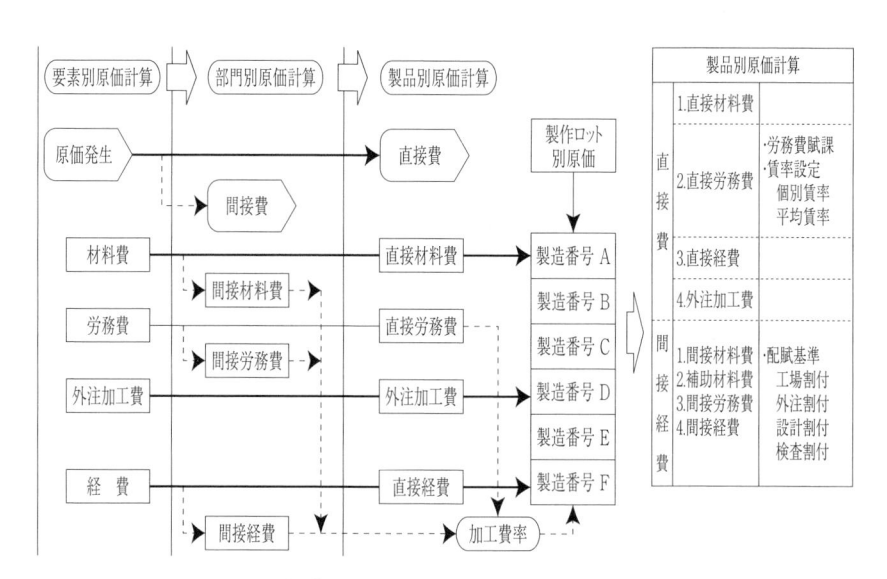

図表5-5 製品別原価の把握手順

賦して製造原価を算出する．

製品別原価には個別原価と総合原価とがあるが，ここでは個別原価計算について述べる．

直接材料費は製品に対して直接賦課できる素材費，部品費完成外注費．補助材料費などで，原則として製品の実体をなすものである．直接材料費であっても．各製品に配賦することが困難な小口の材料費（ビス，シール剤など）などは作業時間，生産数量など適正と思われる基準により配賦するのが普通の方式である．

直接労務費は特定製品に対して製品ごとに配賦できる労務費で，個別原価計算では作業表に基づき作業時間または作業量に賃率を乗じて計算する．この場合の賃率は，作業時間分あたりの直接労務費で作業者別に算出した個別賃金と，部門別または作業工程別，職種別の平均賃金より算出する方法があるが，通常はこれらの平均値を用い平均賃率としている．

この平均賃率には実績平均賃率と予定平均賃率とがある．実績平均賃率は，実務上の問題として原価把握の遅れが生じる，毎月賃率が変動するなどの理由から一般には予定平均賃率が使われる．賃率の計算は一定期間における直接労務費予算を同じ期間における作業時間で除して算出する．この時の作業時間は自部門で発生したもののみを用いる．

外注加工費は自家作業能力の関係で外部に作業を委託するもので，実際の発生額はその製品に配賦する．製造間接費は直接費を除いた製造原価要素を言い，間接材料費，補助材料費，間接労務費，間接経費に区分される．配賦は作業時間，材料購入費，設計時間などを基準にして行なう．間接材料費は，補助材料費，職場消耗品費，消耗工具，機器備品費などに分類される．配賦を行なうには，その職場の実情に則した配賦基準を設定している．

5.2.2 原価分析にあたって

発生原価や予定原価を集計し，製造別原価に展開した結果から価値工学を活用して原価低減を行なう前段として原価分析が必要となる．分析の範囲や対象，

方法などは目標低減率の大小，投入工数，切迫度などで異なるが，適切な原価分析が目標を達成するための最良のスタートとなる．原価分析を行なうことで，対象それぞれの機能にいくらコストが発生しているかを把握し，価値の高低を適切に判断できる．また，原価分析は，構造，方式，製造法など達成手段における問題点を発見する準備作業でもある．

原価の把握としては，材料費，加工費，管理費などの構成要素で把握する面，直接費，間接費などの配賦構成で把握する面，固定費，変動費などの製品付与で把握する面，内部コスト，外部コストなどの調達構成で把握する面などを対象に合わせて考慮する必要がある．

これらの原価データをパレート分析，重量分析などを用いてコストの傾向をつかむことが次の手順である．さらに，類似品との比較分析や性能とコストとの関連，時系列コスト分析，将来コストの予測など企業や業種，業態に合わせた原価分析手法，手順，フォーマットが工夫されている．

分析データの収集には価値工学活用の視点のうち以下の3つが重要となる．

(1) できるだけ広く

対象製品の原価を把握しただけでは原価分析は終了しない．製品なり部品が製造された後，輸送，販売，据付などの工程があり，そして使用状態がある．対象が製品のみで製造原価のコストダウンを目的にした場合でも，その前後の原価を把握しておく必要がある．対象品の価値を改善するうえで製造原価を低減するための変更により輸送費がアップしたり，逆に据付費の低減につながったり，と波及の正効果や負効果が往々にして発生する．このときに改善構造の可否の判断に役立つのがトータルコスト，ライフサイクルコストである．そのため，原価分析は関連するコストをできるだけ広く収集，分析する必要がある．

(2) できるだけ詳細に

原価を把握するときは当然部品単位，さらに，部品の材料費，加工費，管理費などまで詳細に，明確にする必要がある．また，部品の材料費には直接材料

費と材料ロス費の構成も把握する必要がある．直接材料費は材料単価と材料重量（または面積）の構成も合わせて把握する．このように原価はできるだけ詳しく調査，情報収集して把握する必要がある．原価低減のための価値工学の活用においては，機能別に原価を集計することが絶対条件であるからだ．

(3) できるだけ直接的に

一般に原価計算処理を合理的に行うために，総合原価計算を採用するケースが多く見られる．総合原価計算をデータベースとして原価分析をしようとする場合，間接費をなんらかの基準指標を用いて比例配分することになる．例えば，購入部品費は直接購入部品費に購買間接費（購買者の人件費，購買部門の場所代，設備費，消耗品など）を加えて計上されるか，購買間接費は購入部品費の大きさに比例して回収するような仕組みで算出される．このような原価をベースに価値工学を適用して代替案を作成し低減効果を把握しようとすると，直接購入部品費の効果産出に矛盾が発生する．原価低減の代替案を適切にコスト評価するためにはできるだけ直接的に対象品の原価を把握する必要がある．

5.2.3 ムダと原価低減
(1) ムダの定義とそのレベル

発生コストに対して，"ムダをなくして原価低減を実施しよう"とは，よく聴く言葉である．昨今は企業ばかりでなく行政も盛んにこの言葉を用いている．ムダは悪いことであり，これを発見し，取り除くことは誰しも否定しない．しかし，具体的な個別案件になると，これはムダではないと主張する輩が出てきて，多くは原価低減に結びつかないのが現実である．曰く，"それを取ると信頼性が落ちる"，"お客が喜んでいるのでムダな機能ではない"，"いままでこの性能で問題がなかったから過剰品質ではない"，"作業性が落ちる"などなど，ムダだと思われるところを指摘されると担当者は現設計方式や製造方法，作業手順の正当性を主張する．結果として思ったほどには原価低減には結びつかない．ムダでないとの主張が真か，偽かは，そこに誰がどの評価基準で判断する

かを明確化できないためになかなか難しい．

　国政の道路特定財源問題なんかはこの顕著な例であろう．政治家や，行政がよく発する「ムダなモノは削減」し，「必要な道路をつくる」ための財源を確保したいとする言葉だ．しかし，ここで言われるムダとは誰にとってのムダか，ここで言われる必要な道路とは誰にとってのものか，の議論が抜けている．一部地域の道路工事関係者にとって必要だったり，効用対コストを無視し，身銭をほとんどきらずに作ってもらえるのならないよりましとして，必要であると主張したり，つまり，このコストを発生させて（税金を投入して）喜こんでもらう顧客は誰かということと，その顧客が期待するモノとその性能の大きさは，その優先順位は，の議論が十分になされてなく，むしろ欠落した状態で「ムダ」という言葉が一人歩きで使用されている．そのため，自分流の解釈で勝手にムダを想定し，ムダであるとか，ないとか主張しているように思える．結果的に税金（コスト）は，国民の視点と優先順位が無視されてムダ使いされてしまう．ムダの対語にあるのが必要である．国土交通省が道路特定財源で購入したとするマッサージチェアも，誰かにとっては必要であったかもしれないし，予算を使い切る，とする必要性だってあるのだ．"身体をマッサージチェアに横たえることにより生産性が向上する"からムダではない，との理屈も成り立つ．ムダでない（必要）の主張はそれを判断する人間の意志で大きく左右され，極論すると理由付けはなんとでもなると言うことだ．

　「ムダ」は，コストを発生させて得られた効用とのバランスで評価され，判断されるもので，判断はその効用を受ける人である．ともするとこのことが忘れられ，「ムダを無くして原価低減を図る」という耳ざわり良い言葉が横行し，あたかもこの言葉を発することで問題（利益確保，税金の適正使用）が解決されるだろうと考えることは早計であるのだが，なかなかこの風潮は変わらない．

　そこで，ムダの概念をここで整理しておく．企業においても，行政においても，すべてのコスト発生行為は必要性（目的）があって生ずる．これは，さらに誰にとって，どの程度必要かで許容コストの大きさが決定されるのが一般的である．

メーカーは，目的（必要性）を達成するために下記の需要3要素（QCD）に分解し，

　　Quality(品質，品種)
　　Cost（価格，原価）
　　Delivery（納期，時間，数量）

生産の5要素（5M）を活用してモノ造りの管理を実践している．

　　Method（方法）
　　Material（材料）
　　Machine（設備）
　　Man（従業員）
　　Money（資金）

　コストはこれらを実践する時点で発生する．当然ムダは生産の5要素，需要の3要素を設定，遂行する段階で，それぞれに大なり小なり存在する．これらの要素で発生するムダを限りなくゼロに近づける努力が企業，行政などのマネジメント能力といえよう．

　マネジメント能力を高める有効な手段が管理技術の活用である．過去，IE，QC，VE をはじめとするさまざまな手法，技法が開発され，定着し，有効に活用されてきた．ただし，管理技術を効果的に活用し，ムダを顕在化（見える化）させるためには，原価低減対象のムダのレベルを把握し，そのレベルを踏まえて管理技術を適用しないと，ムダの発見においてミスマッチが発生しかねない．ムダのレベルには図表5-6に示す5段階が存在する．

　一般にムダのレベルが高まるほど原価低減の効果は大きい．つまり，レベル1のムダにおける作業効率の改善より過剰品質によるムダの発見のほうが効果は大きいし，さらに，顧客が期待しない品質，性能を付加することのムダはさらに多いといえよう．

　原価低減を実践するにあたって，ムダを安易に考え，直ちに"もうムダは出尽くした""これ以上は乾いた雑巾を絞るようなものだ""品質を落とすことになる""頑張ってチェックしたけれどムダはなかった"などの発言を契機に原

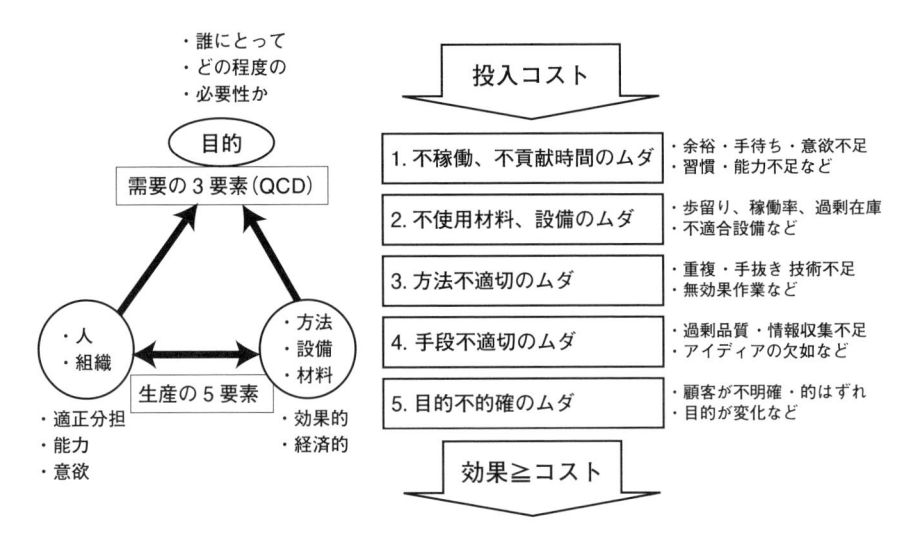

図表5-6 企業における5Mとムダの構造

投入コスト	
1. 不稼働、不貢献時間のムダ	・余裕・手待ち・意欲不足 ・習慣・能力不足など
2. 不使用材料、設備のムダ	・歩留り、稼働率、過剰在庫 ・不適合設備など
3. 方法不適切のムダ	・重複・手抜き 技術不足 ・無効作業など
4. 手段不適切のムダ	・過剰品質・情報収集不足 ・アイディアの欠如など
5. 目的不的確のムダ	・顧客が不明確・的はずれ ・目的が変化など

効果≧コスト

目的：需要の3要素(QCD)
・誰にとって
・どの程度の
・必要性か

生産の5要素
・人、組織（適正分担／能力／意欲）
・方法、設備、材料（効果的／経済的）

価低減に終止符をうつケースが多々見られるのは，このムダのレベルを意識していないために起こるケースが多い．

(2) ムダと原価低減ポテンシャル

図表5-7に示される鉄板に穴をあける作業をムダの発見（低減ポテンシャル）例で説明する．先ず，穴をなくすことができれば原価低減率は100％となる．

下記のような穴のある鉄板のコストダウンは？（$50^{\phi}_{\pm 0.1}$，$30^{\phi}_{\pm 0.01}$，50，60，70）

	現状	改善	低減率
機能をなくす	段差のある穴	穴をなくす	100%
機能、仕様を変える（下げる、上げる）		穴寸法の変更	
精度を変える（下げる、上げる）		精度を悪くする	
構造、形状、方式を変える		段差をなくす	
作り方、製造設備を変える	ドリル穴	プレス穴	
作る工程を変える（短くする、なくす）		下穴の廃止	
作業を変える（単位作業、要素作業）		自動供給	
動作を変える（単位作業、要素作業）		左右同時作業	5%

図表5-7 ムダの発見と着眼点の例

これはムダのレベル5に相当する．穴を作ることを目的化してしまうムダである．以下，順次ムダのレベルに対応して低減できるポテンシャルは低下していく．片手作業から両手作業への変更でも片手のムダ発見であるがその低減ポテンシャルは5％程度であろう．すなわち，ムダをなくし原価低減に結びつけるためには，ムダのレベルを把握し，認識することがスタートである．レベル5の商品の活用目的が不明確であるのに，レベル4の過剰品質や，レベル2の材料の歩留りや，稼働率を議論することは，まったく意味がないとは言い難いが，レベル5のムダを取り除いて，レベル4，レベル3と進むべきである．ムダの概念を理解し，低減対象の目標低減率との兼ね合いでムダのレベルを把握し，それに合わせて原価低減の手法，技法を活用することが効果的実践手順となる．

　キャッチアップの時代，大量消費の時代，顧客のニーズが比較的均一な時代は，モノ作りのムダは作業性や歩留り，品質のバラツキに起因する要素が多かった．そのため，ムダは共通用語として存在し，ある程度レベル合わせが無意識になされていたのだが，時代が変わったのである．ムダの概念も考え直す必要があろう．

　一般にムダとは"役に立たないこと，益のないこと，また，そのもの"と定義されている．高度情報化よる環境変化は，ムダの前提となるムダを判断する評価者が不明確で，かつ評価基準が対象においてさまざまであることの問題点が顕在化されてきた．誰しもがムダと判断する要素が少なくなってきたともいえる．必要性に関する価値観が多様化，流動化していることが根底にあるのだ．ムダを判断し，評価し，効用を受ける人がコストとのバランスと優先順位で評価する仕組みが明確化できないのであれば，むしろ，ムダという言葉は死語にすべきかもしれない．予算（収入），目標コスト，低減コストに合わせて，目的達成のために知恵を出す仕組みが必要である．そこには，従来のムダの概念は存在しない．ムダをなくして原価低減を実践するのではなく，目標コストに合わせて技術力と創造力を結合させて原価低減に結びつける方法論，その手法の一つが以下に示す価値工学と考えたい．

　価値工学を活用したムダ（原価低減のポテンシャル）の発見は，ムダのレベ

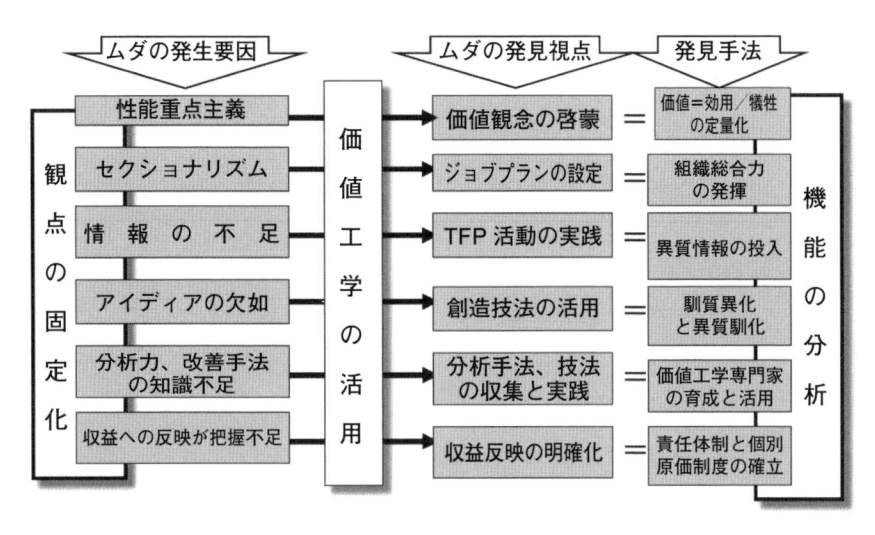

観点の固定化	ムダの発生要因	価値工学の活用	ムダの発見視点	発見手法	機能の分析
	性能重点主義		価値観念の啓蒙	＝ 価値＝効用／犠牲の定量化	
	セクショナリズム		ジョブプランの設定	＝ 組織総合力の発揮	
	情報の不足		TFP活動の実践	＝ 異質情報の投入	
	アイディアの欠如		創造技法の活用	＝ 馴質異化と異質馴化	
	分析力、改善手法の知識不足		分析手法、技法の収集と実践	＝ 価値工学専門家の育成と活用	
	収益への反映が把握不足		収益反映の明確化	＝ 責任体制と個別原価制度の確立	

図表 5-8　ムダの発生要因と価値工学による発見

ルの最上位（レベル5）からスタートしてムダを顕在化（見える化）する手順であり，大きなゴミや埃を取り除くまえに雑巾がけをするような非効率性を排除できる方法論である．

　図表5-8には価値工学（VE）を活用することによりムダを顕在化させる手法をムダの発生要因との対比で表示した．価値工学には，図に示されるように潜在化しているムダを定性的，定量的に"見える化"し，それをその組織が保持している技術力と創造力を充分に発揮させて解決する有効な技法を備えているのである．

5.3　原価低減の方策

　企業における利益確保の有力な手掛かりとして，原価低減が重要な役割を担っていることは広く認識されている．そのためさまざまな原価低減手法がムダのレベルにおおむね対応して開発され，活用されてきた．

　原価低減の方策には大きく，固有技術によるものと管理技術によるものとが

ある．IC, LSI の技術進歩はまさに歩留まり向上による原価低減が主体であり，コンピュータ，OA 機器をはじめとする諸々の電子応用製品の原価低減効果も固有技術の成果によるところが大きい．

	IE (Industrial Engineering)	QC (Quality Control)	VE (Value Engineering)
定義 (ねらい)	仕事のシステムを設計・改善・定着化する (IE 協会の定義)	買い手の要求に合った品質の製品を経済的につくり出す (JIS の定義)	製品やサービスのライフサイクルコストを最低にする (VE 協会の定義)
進め方	1．問題の発見と選択 2．理想的システムの構想 3．現状の分析 4．分析結果の批判的検討 5．受け入れ可能なシステムの設計 6．標準の確立と維持	1．設計品質 ⎫ 2．製造品質 ⎬ の決定 3．工程品質の解析 4． 〃 の標準化 5． 〃 の管理	1．機能定義 2．機能評価 3．代替案作成
基本技法	・方法研究 　(工程分析，動作研究) ・標準化 ・作業測定 　(時間研究，ワークサンプリング，…)	・QC 7 つ道具 ・統計手法 　など	・機能分析 ・アイディアの発想法 ・ジョブプラン　など
特徴	帰納的アプローチ (実証的に)	帰納的アプローチ (データに忠実に)	演繹的アプローチ (機能中心に)
主な評価項目	時間値 ・作業能率 　$= \dfrac{標準時間}{実績時間}$ ・稼働率 ・ラインバランス効率 　など	品質特性 ・工程能力指数 　$= \dfrac{規準上限 - 規準下限}{6\sigma}$ ・バラツキ値 ・不良品率　など	価値指数 　価値 　$= \dfrac{機能}{コスト}$ 　$= \dfrac{得られる効用}{支払う犠牲}$

図表 5-9 IE, QC, VE の比較 [2]

管理技術を活用して原価低減を行なう方法としては，IE（Industrial Engineering）とQC（Quality Control）と価値工学（VE（Value Engineering））が過去，主に使われてきた．IEは，現状の作業工程や作業動作を分析し，作業時間を測定し，これをベースに，作業の能率や稼動率，ラインバランスなどを改善，向上して作業システムの効率化による原価低減を図ることを主体にした管理技術である．QCは，要求品質を維持，向上するために，統計手法や製品，工程品質の解析，品質限界管理などの手法を用いて不良，クレームの排除，歩留りの向上などを行なうことで原価低減に結びつけている．

VE（価値工学）による原価低減は，製品や部品，サービス，間接費などあらゆるコスト発生にまつわる「機能」を分析し，不要機能，重複機能などの発見と，より安価に同一機能を達成できる手段の探索，構築を遂行することにより原価低減を行なっている．

要求機能（Fが一定値）を達成できる低コスト手段を，情報の収集，アイディアの発想により構築して，価値を改善，向上することにより，結果として原価低減に結びつける手法である．

図表5-9に，それぞれの特徴を比較した表を示す．

原価低減の手法，技法には，このほかに原価企画，原価分析，限界利益分析，付加価値分析，ティアダウン，ベンチマーキング，OR（Operations Research）などいろいろな管理技術がある．原価低減という目的に対して，対象となるコストを分析して目標ターゲットに，より早く到達するためにこれらの管理技術を効果的に，適切に選択し，有効活用することが大切となる．

5.4 原価低減のための価値工学活用対象

価値工学を活用して原価低減を行なうことの主旨は，コストを発生させている"機能"を分析して不要機能を探し出し，かつ，その機能を達成するためのより効果的（低いコスト）な手段を構築することである（これらのことを総称して不要機能（ムダ）の発見と呼ぶ）．したがって，メーカが製品化段階で原

価低減のために価値工学を活用するには，5.2.3項に示すムダのレベルの上位段階から，

① 製品化技術が未熟であるために生ずるコスト
② 設計が適切でないために生ずるコスト
③ 製造方法が適切でないために生ずるコスト
④ 管理技術が適切でないために生ずるコスト
⑤ 情報収集不足のために生ずるコスト

などを発見し，適切な達成手段を作りあげることと言える．このため，価値工学の適用対象は"物"（ハード）として目に見えるものと"物以外"（ソフト）とに分けられる（図表5-10）．また，企業内で発生する原価費目とそれを低減するための適用．適用段階において多少アプローチが異なるため適用名称をつけている（図表5-11）．これらは現行の製品（機種）または製品群を対象として適用するケース（製品VE）と横断的に同一費用項目（機能項目）を対象とするケース（横断VE）とに大別される．このときの価値算出式は第3章の図表3-5に示した．

$$V_g（部位価値）= \frac{C_{tt}（値打ち）}{C_{to}（実際原価）}$$

を使用する．

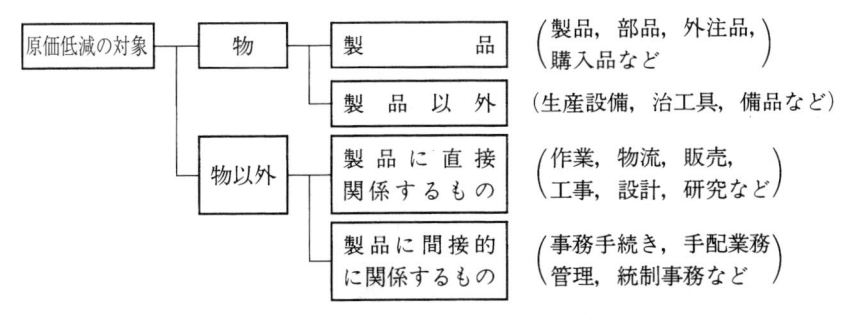

図表5-10 原価低減のための価値工学対象

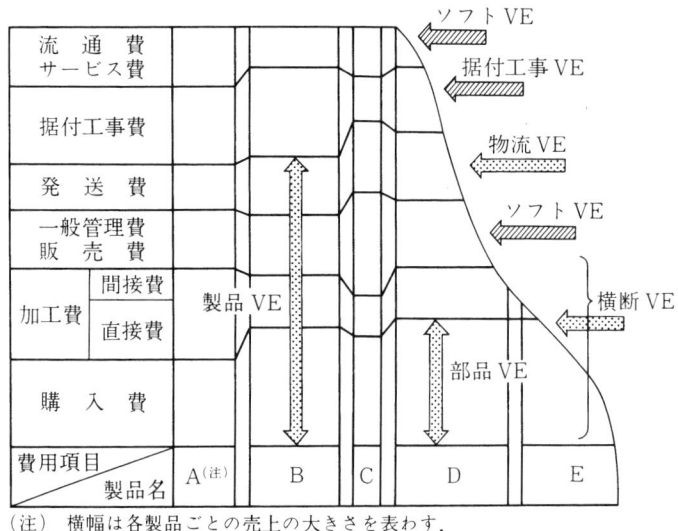

図表 5-11　企業内発生コストと原価低減のための価値工学対象

5.5 製品 VE（現行製品への活用手法）

5.5.1 製品 VE の考え方

　現行製品に価値工学を適用して原価低減を図るモデルを「製品 VE」と呼ぶ．価値工学の適用対象により図表 5-11 に示されるようにさまざまの活用場面がある．その考え方，進め方は多少異なるが，製品 VE がすべての基本であるので本節ではこの「製品 VE」を中心に述べる．

　製品，部品，物流業務や据付工事などを原価低減の対象とする場合，どの範囲の発生コストをいくら低減するかを明確にすることがスタートである．この低減目標に向かっていろいろな手法（機能分析や原価分析など）を駆使して現状を認識し，問題点（この場合，コストが高い原因など）を十分に理解することが必要である．往々にして現状の問題点を十分理解，認識しないまますぐに改善案（原価低減案）を思考しようとして固定観念に阻まれ，良い改善案を導き出せない状態に陥りがちである．創造性研究者のオズボーンはこの段階の重

要性を意識して、問題解決（代替案の創出）を次に示す7つのステップに分け，実践することを提唱[4]している．

① 方針の決定……………問題点を把握する
② 準　　備………………適切な資料を集める
③ 分　　析………………問題事項を分析する
④ アイディアの発想……多くのアイディアを自由に出す
⑤ アタタメ………………ヒラメキの起きるのを待つ
⑥ 総　　合………………アイディアを結合する
⑦ 評　　価………………できあがった解決案を判断する

シネクティクス法を開発したウィリアムJ. J. ゴードンも，その技法紹介のなかで，問題解決のためには，図表5-12に示されるように，"異質馴化"の手順と"馴質異化"の手順を主体に構成することを提示している．これらの問

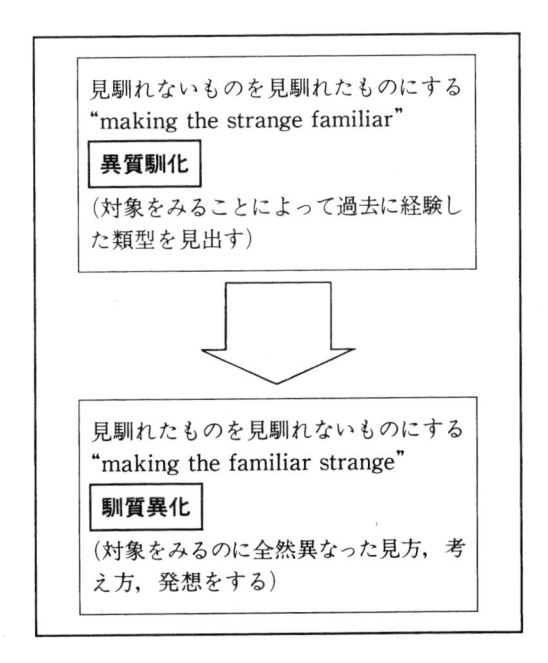

見馴れないものを見馴れたものにする
"making the strange familiar"
異質馴化
（対象をみることによって過去に経験した類型を見出す）

⇩

見馴れたものを見馴れないものにする
"making the familiar strange"
馴質異化
（対象をみるのに全然異なった見方，考え方，発想をする）

図表5-12 ゴードンの問題解決の考え方[3]

題解決の手順を踏まえて原価低減のための製品 VE は「原価が高い」,「ターゲットコストに到達しない」などの問題に対して目標の設定, 原価構成, 原価発生要因の機能分析が, 原価分析と併せてスタートとなる.

そこで, 製品 VE を実施するためには, どのような機能がユーザまたは顧客から要求されているかを明確にし, それが現在どのような手段で達成されているか, その時のコストはいくらかなどの現状分析を十分行なう. それに基づいていろいろな角度から情報を収集し, アイディアを発想, 具体化に結びつける手順をとっている.

製品の原価が高くなっている原因には, 製品の設計, 製造段階において, 以下のようなものがあると言われる.

- 性能重点主義
- セクショナリズム
- 情報の不足
- アイディアの欠如
- 検討時間の不足
- 改善効果の定量的把握が困難

製品 VE はこれら原価が高くなる要因を解決するために機能を分析し, 原価を対比する手法なり手順を考慮したものになっている.

5.5.2 製品 VE の実施手順

製品 VE は, 発生コストの機能を分析して, 同一機能を満足するより安いコストでの達成手段を代替案として構築し, それを検証, 評価し, 実施に移行するためにフォローアップすることである. この流れを, 第 4 章の基本技法を踏まえて製品 VE 用の実施手順（ジョブプラン）として再構成にしたのが, 図表 5-13 である.

本ジョブプランは, 図表 5-11 に示される部品 VE, 物流 VE, ソフト VE, 据付工事 VE などにも当然適用できる.

	ステップ名称	ステップ概要
ステップ1	対象の選定	経営計画,収益計画を踏まえて原価低減計画を立て,これを達成するためにどの製品を,どの機種を,どの範囲まで対象として価値工学を適用するか,そのスケジュール,活動方法,などを決定するステップである.この対象の選定と同時に,対象に見合ったプロジェクトチーム(ワーキンググループ)を編成する.
ステップ2	機能分析	対象製品,対象機器の機能を把握,定義して,真に要求されている機能(必要機能)の明確化と,不要機能の発見を行なう. また,必要機能の働きの程度(達成度,仕様値,性能値など)を明確に確認または設定する. また現行製品での不足機能の発見を行ない,必要機能に組み入れる.
ステップ3	原価分析と価値の評価	分析,定義された各機能に対し,その要求機能を達成するために,現在いくらのコストが発生しているかを把握する. そのために加工費,材料費などの費目構成で把握されている原価を機能分野ごとの発生原価としてとらえなおす必要がある.さらに,前ステップの機能を評価し,これと機能分野ごとの,原価との対比で価値を算出,原価の低減の目標を決める.
ステップ4	アイディアの発想	目標低減金額を達成するためには,他に達成する手段はないか情報収集し,アイディアを出す.同一機能を達成する手段で,価値の高い方法(コストの安い方法)を検討し,この価値の評価を行なうことにより,原価低減に結びつくアイディアを発想する.
ステップ5	アイディアの具体化	発想されたアイディアを粗評価してそれを洗練し,具体的な形にまとめあげる.具体化された代替案に対しては経済性,技術性,互換性などの面から評価し,価値の高い改善案にまとめる.評価に際してはいろいろなテストや実現可能性の証明を行なう必要がある.
ステップ6	提案と実施	改善案に対しては提案を行なう.提案内容は要求事項を満足する代替案であることを十分に示すものでなくてはならない.さらに,この提案に対して実効果に結びつくまで実施スケジュールをたてフォローアップする.

図表5-13 製品VEの実施手順(ジョブプラン)

5.5.3 ステップ1：対象の選定

製品を対象に原価低減を行なう場合，どの製品のどの機種を，どの対象範囲まで，何のために，何時までに，いくら低減するかを明確に設定する必要がある．それにより，価値工学を駆使すれば良いのか，IE，QCの手法を用いるのが良いのか，小集団による現場改善が良いのか，事業所をあげての総合活動にするのかなど低減目標達成のための実施方法を検討する必要がある．

対象の内容によって，それに最も適合した手法を選択することにより，投入努力に対する効果の最大化を意図しなければならない．価値工学を活用することだけが原価低減の有効な方法とは限らない．

(1) 対象選定の考え方

(a) 事業所収益計画に最もリンクしたもの

ハードウェアについては，製品の長期計画に基づき，現在および将来の収益計画に大きく貢献し得るような製品を，ソフトウェアについては，事業所の経営分析から，現在および将来の収益に影響をおよぼすような要因を摘出し，未然に防止していく考え方が大切である．特に，見掛け上の収益にまどわされず，真の収益改善が実現し得るよう，対象選定にあたっては正しい分析を行ない，収益計画との関連性を明確にする必要がある．

(b) 対象の範囲はできる限り広い視野で

製品VEは，ハード，ソフトのすべての原価領域を対象範囲とするべきである．なぜなら，企業経営上の問題点や収益向上の阻害要因を取り除くことが製品VEの目的だからである．これらは部分としてとらえると，しばしば全体の方向と違った形で発展したり，総合的に見た場合に効果が出ないことが起こり得る．

したがって，製品構成と経営システムとの関連のなかで，原価低減の方向を見定め，常に，広い視野で全体をながめて，問題点の摘出し，対象を選定する必要がある．

前述のように，原価は，売価を構成するあらゆるコスト要因を対象とするこ

とが理想である．製造部門に限定したコスト要因のみを追求したり，製品の直接コストの圧縮に走ったりすると，極端な場合，品質低下を招くことにもなる．
それゆえ，対象品にかかわる全部門の参画と，広い視野の検討が必要である．
(c) 効果的なタイミングで

原価低減のためには，変更のための費用発生が伴う．このデメリットを最小におさえて価値工学を適用することが，効率的に原価を低減するための基本である．それには，適用へのタイミングが重要となる．単にデメリット金額の大小のみでなく，人間が本来もっている変化に対する不安からの拒否反応を避ける意味でも，精神的な面でのタイミングをも考慮して計画することが大切である．

(2) 対象選定の方法

(a) 収益目標を設定する

事業所収益計画を踏まえて各部門別収益計画を立て，それに合わせて原価低減目標を設定する．あくまで収益計画との関連で改善計画を組むことが大切で，事業所全体の中長期収益計画の位置づけのなかで原価低減の目標，対象を選ぶことを前提に収益目標を設定する．

(b) パレート分析を行なう

部門別生産機種，生産金額および長期生産計画の調査を行ない，パレート分析を行なう．パレート分析の結果，効果反映時期に合わせて，製品VEの対象可能な機種を調査する．

パレート分析は製品別，機種別，または年度別など事業所の体質に合わせて，いろいろな指標を適用すると良い．図表5-14には，製品別限界利益のパレート分析の例を示す．限界利益率と売上高との関連から，どの製品を対象にどのぐらい原価を下げると，収益にどのように関与するかを推察しながら選定すると良い．

(c) 製品VE対象機種を選定する

目標利益金額を捻出するために，対象としなければならない範囲を機種別に

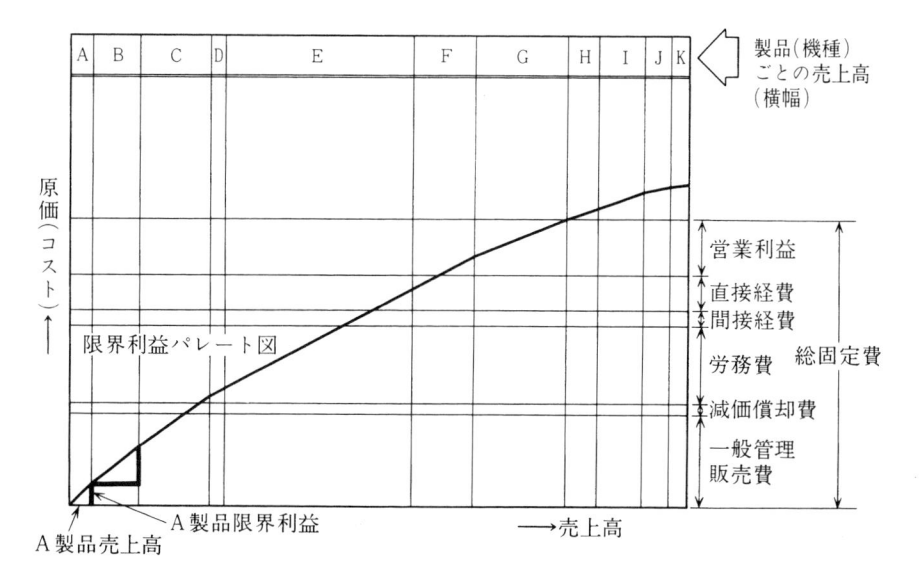

図表5-14 限界利益パレート図

選出する.

機種選定に関しては，次の点を考慮すると良い.

- 総売上高に対し原価低減寄与率の大きいものをパレート図より選ぶ
- 価値標準と比較して原価低減の可能性を，機能とコストのバランスでチェックする
- 複雑な構造のものを選ぶ
- 競争上有利なものを選ぶ
- 短期間に開発したものを選ぶ
- 古い設計のものを選ぶ
- 価格が長期にわたって据え置かれたものを選ぶ
- 隘路部品が大きな金額ウェイトを占めているものを選ぶ

(d) 価値工学適用の効率を考える.

時期を失することは価値工学適用効率を非常に悪くするので，どの範囲を対象にし，それをいつ実施するかを常に念頭に置いて対象を選定する必要がある.

効果の判定基準として，利益増分（原価低減額）÷投入費用（人件費，諸経費など）を考え，これを最大にするような計画を組む必要がある．特に，ライフサイクルの短い製品や競争の激しい戦略的な製品を取り上げて，シェアの拡大を図るような計画の場合は，原価低減活動が無意味になることのないように注意を要する．

(3) 実践チーム（組織）の編成

　価値工学を適用した原価低減活動は，専任のチーム活動が望ましい．製品対象であるため，設計，資材，製造，検査や営業，保守サービス部門から1名ないし2名の専任メンバーを選出して，タスクフォースで実施するプロジェクト運営が効率的である．目標低減金額，対象製品，機種などが設定された段階で，これを遂行するために，どのようなメンバー構成が適切かを審議して決定する．審議にあたっては，対象の範囲や複雑さ，専門分野の能力レベル，専従度などを勘案する．さらに，日常業務にどのような形で支障をきたすかを考慮して，その対応策をチーム編成時に十分考慮しておくことが大切である．

　また，チームリーダーは，製品対象全般が見わたせる人が望ましい．一般には，開発部門，設計部門の管理者など，その製品に対して責任と権限をもっている人が良い．ただし成熟製品であり，生産方法や製造手法を主体に原価低減を行なうことが効率的と考えられる場合には，製造部門の管理者をリーダーにするケースもある．

(4) 活動日程計画の作成

　製品VEの活動日程は，事業所（製品）収益への反映期を意識して立てなければならない．製品のモデルチェンジやマイナーチェンジのタイミング，他社の動向，現行製品の完成度などを考慮して，どのタイミングで，どのぐらいの期間をかけて実施するかを検討する．つまり，原価低減活動の効果が，どのタイミングで，どのように収益に反映させることが，事業所収益計画にどのように影響するかを踏まえて，活動日程を計画する．さらに，活動期間を1ヵ月に

するのか，1年間にするのかなど期間を設定する．専任のプロジェクトチームで7～8名のメンバー編成の場合，一般的には2ヵ月か3ヵ月かけて実施しているケースが多いが，これらは事業所の体質，対象品の難しさ，専従度，メンバーの能力などで相当異なるため，そのつど審議して設定すると良い．ただし年間の低減効果金額に見合った費用の投入という考え方をすると，

$$製品VE活動における総投入費用 = (メンバー数 \times 投入工数 \times 1人当り人件費) + 出張費などの諸経費$$

から活動期間を逆算することができる．

(5) 対象の選定結果のまとめ

以上の結果から図表5-15のようなフォーマットで対象選定のまとめを行なう．

5.5.4 ステップ2：機能分析

(1) 機能の定義

製品VEにおける機能の定義の目的は，以下のとおりである．

(a) 対象品を構成している部品，加工工程や作業などあらゆるコスト発生要素に対して，それぞれの構造や作業を分析し，その働き（機能）を把握する．

(b) 機能として定義することにより，製品としての特有性から脱し一般性に馴化することにより，アイディアを出しやすくする．

(c) チームメンバー間で"機能"として共通用語化され，対象品の理解をするうえでコンセンサスが得られやすく，チーム活動が効果的に行なえる．

(d) 機能を定義し，明確にすることにより，次のステップのコストとの関連において，価値の把握，評価が行なえる．

機能の定義の方法は，第4章に説明してあるので，ここでは概略を述べる．まず対象品を構成要素である部位（部品なり作業）に分割し，図表5-16のように並べ，それぞれの部位の機能を機能定義のルールに従って定義する．

さらに，定義された機能の働きの程度（達成度，仕様，性能など）を付記す

5.5 製品VE（現行製品への活用手法）　145

合　議	提　案　元

1.
VE名称		対象	（代表製品名：　　　　　）

2.
目標	対象額	低減目標(%)	内訳	対象品生産数	効果発生期	効果終了期

3. 実施スケジュール

4. チームメンバー

所属	※	氏　名	所属	※	氏　名	所属	※	氏　名

※ ☆…リーダー　◎…サブリーダー　○…専任者　●…スタッフ

5. 原価低減の目的と方針

6. 効果反映計画

項　目	現　状（　／　期）	単位	効果反映期			備　考
			／	／	／	
対象品生産数						
代表品種製造原価						

図表 5-15 対象の選定結果まとめ表

ユニット部品名 工程作業名 事　務　名	機　　　能		働きの程度	制　約　条　件
	名　詞	動　詞		
ボ ディ ー	圧力に	耐える	55 kg/cm²	取付フランジ 10 inch
ボ ディ ー	パイプを	接続する		2 inch に接続
ボ ディ ー	スラリーを	通す	326 m³/h	アルミ材は不可
バルブシート	洩れを	防ぐ	0.02 cm³/min	定期点検で交換
バルブシート	摩耗に	耐える	107 回/年	〃
O リ ン グ	洩れを	防ぐ	0.02 cm³/min	〃
ガ イ ド	バルブの位置を	決める	±0.01	
バ ル ブ	通路を	開閉する	30 回/h	
バ ル ブ	摩耗に	耐える	10^{10} 回	
スペーサー	スプリングを	保持する		

図表 5-16　機能定義の例

る．これは，同一機能でより安いコストで達成できる，つまり価値の高い手段の評価をするときの評価指標となる．したがって，機能を定義するためには事前に情報を収集して，顧客が期待している機能なりその働きの程度を十分把握しておく必要がある．

　機能を定義するための情報には，以下のようなものがある．
- 使用者や使用目的，使用環境，使用条件，クレーム状況
- セールスポイント，販売上の問題点，他社動向，製品や部品の信頼度
- 要求仕様と実際条件との差，検査規準，製造実績，不良発生状況
- 加工プロセスや製造上の問題点，作業方法
- 図面および現物，部品リスト，購入品状況，レイアウト

　これらを踏まえて，それぞれの機能に対しての働きの程度，または制約条件を下記の項目に照らし合わせてチェック，検討し，必要事項を付記する．

| Who | ：使用者にとっての操作性，安全性の制約条件
| What | ：重量や寸法などの制約条件
| When | ：時間にかかわる信頼性，耐久性などの制約条件
| Where | ：場所にかかわる使用環境条件などの制約条件
| How much | ：機能の達成度にかかわる性能特性などの制約条件
| How to | ：機能の達成方法にかかわる方式などの制約条件
| その他 | ：特許，法的規制などの制約条件

(2) 機能の整理（機能系統図の作成）

対象製品の機能構成を明確にし，必要機能，不要機能，不足機能を把握し，対象製品として不可欠の機能を整理するのが製品VEの機能系統図作成の目的である．機能系統図の作成手法に関する詳細は第4章を参照して欲しい．

製品VEの作成の方法としては，まず，対象品そのものの機能を定義する（機能部品の機能を定義するときに自動的に定義されるケースが多い）．これを基本機能を呼ぶ．例えば，テレビだと「音声と画像を出す」とか，冷蔵庫だと「食品を貯蔵する」，モータだと「回転エネルギーを出す」などである．次に，構成要素の機能定義を下のようなカードを用いて，1枚のカードに1つの機能を記入する．つまり，定義した機能の数と同じ数のカードができることになる．

構成要素（部位）	
機　　　　能	
働きの程度 制約条件	

これらのカードのうち任意の1枚を取り出し，その機能の目的である上位の機能を定義する．定義された上位の機能がカードにあればそれを上位に並べ，もしなければ定義された上位の機能のカードを新たに作って並べる．以下同様にして，基本機能に到達するまでこの作業を繰り返し，すべてのカードがなくなるまで続ける．

図表5-16で定義した機能の整理結果例を図表5-17に示す．

作成された機能系統図を踏まえ，製品にまつわるクレーム，購買上，製造上の問題点などの情報収集結果と睨み合わせながら不要機能（過剰機能，重複機能，冗長機能など）を発見する．また，必要機能でもその働きの程度（仕様，性能など）や制約条件が適切かどうか十分審議し，再設定する．さらに，見落としていた機能や不足の機能，不十分な仕様，性能なども追加して明確に定義しておく．これにより，対象品が要求している機能およびその働きの程度や制約条件が明確に，体系的に把握でき，価値の高い代替案の作成に効果的に寄与できる．

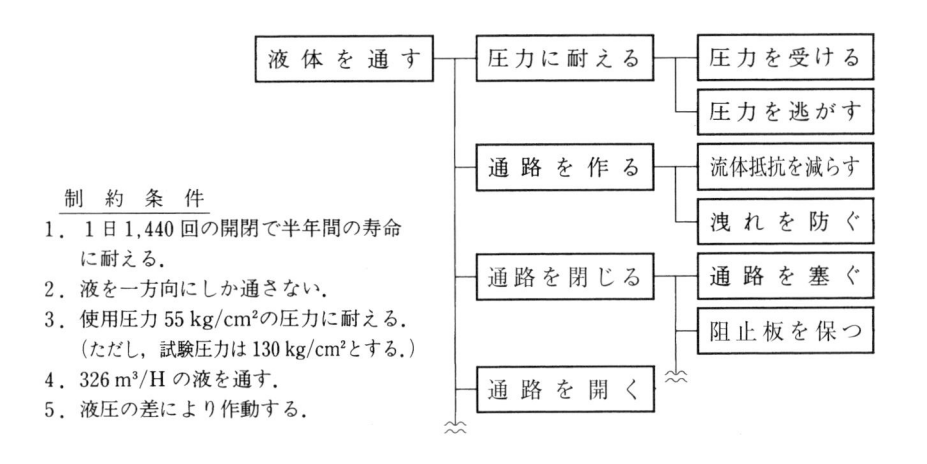

制　約　条　件
1．1日1,440回の開閉で半年間の寿命に耐える．
2．液を一方向にしか通さない．
3．使用圧力55 kg/cm²の圧力に耐える．
　　（ただし，試験圧力は130 kg/cm²とする．）
4．326 m³/Hの液を通す．
5．液圧の差により作動する．

液体を通す ― 圧力に耐える ― 圧力を受ける／圧力を逃がす
　　　　　　　通路を作る ― 流体抵抗を減らす／洩れを防ぐ
　　　　　　　通路を閉じる ― 通路を塞ぐ／阻止板を保つ
　　　　　　　通路を開く

図表5-17　機能系統図の例

(3) 機能評価

第4章で説明したように機能評価の方法にはいろいろあり，それぞれの特徴を生かしたうえで価値工学の適用対象で使い分けている．製品 VE では主に FD 法または DARE 法を用いる．ただし，製品全体の低減目標設定には実績価値標準法を用いる場合がある．図表5-18 に FD 法による機能評価の例を示す．つまり，機能系統図上のそれぞれの機能（図表5-17 の F_{11}，F_{12} のレベル）が製品構成においてどの程度の重要性を有しているかを，各機能間の相対値としてとらえ，この相対ウェイト（機能係数と呼ぶ）を用いてコストを配分しようとする手法である．つまり，その製品の基本機能を達成するための各機能の重要度に応じて機能達成にかけるコストを割り付ける，とする考え方に基づいている．

FD 法とは
各機能を一対比較することにより，機能のウェイト付けをするもの

機能またはユニット	F_{11}	F_{12}	F_{13}	F_{14}	F_{15}	F_{16}	F_{17}	F_{18}	計	機能係数
F_{11}		1	1	0	1	1	1	1	6	0.212
F_{12}	0		1	0	1	1	1	1	5	0.179
F_{13}	0	0		0	1	1	1	0	3	0.107
F_{14}	1	1	1		1	1	1	1	7	0.250
F_{15}	0	0	0	0		0	1	0	1	0.036
F_{16}	0	0	0	0	1		1	0	2	0.073
F_{17}	0	0	0	0	0	0		0	0	0
F_{18}	0	0	1	0	1	1	1		4	0.143
合計									28	1.0

① AとBの比較で，Aが重要なら，Aを1，Bを0とする．
② ①の方法をすべての機能（F_{11}～F_{18}）について一対比較する．
③ 機能係数
$$\left(=\frac{各機能の得点}{各機能の得点の総和}\right)$$
により，機能のウェイト付けをする．

図表 5-18 機能評価技法（FD 法）

5.5.5 ステップ3：原価分析と価値の評価
(1) 原価分析の考え方

対象製品を構成している機能を達成するために，現在いくらのコストが発生しているかをつかむのが本ステップである．そのために，まず部品または費目ごとにコスト情報を集める．製品 VE におけるコスト情報の収集にあたっての留意事項を以下に示す．

(a) 広い範囲で

製品にかかわるコストは，製品そのものの原価（イニシャルコスト）ばかりでなく，納品のための物流コストおよび販売コストや，製品を使用する際に発生するランニングコスト，保守のためのメンテナンスコスト，さらに寿命が尽きた時に発生する廃棄コストなどがある．

製品 VE を実施する場合には，常に製品が生まれてから廃棄されるまでに発生するすべてのコスト情報を収集し，これを念頭において分析をする必要がある．

このことは原価低減の対象がたまたま製造原価の範囲のみの場合でも同様であり，製品 VE の対象範囲にかかわりなくそれぞれのコストを把握しておくことが大切である．このことは改善案を作成する段階で，改善効果がそれぞれのコストにどのように影響するかを検討して，トータルコストでの最適案に導くために役立つ．

(b) 詳細に

コストの発生は細かい作業や材料などの積み重ねである．したがって，材料費，加工費といったレベルでコストを把握するのではなく，材料費はどのような材料コストの合計かを分析し，またその材料それぞれのコストはどのような構成になっているのかなど，発生コストをブレークダウンして要素作業レベルまで分解してとらえるのが，製品 VE においては，有効である．そのためには，

- 構成部品原価明細書
- 外注品見積明細書
- 加工工程フローチャート（工程分析チャート）

- 間接部門経費明細書
- 加工費率の構成
- 設備固定費の考え方，計算の仕方

などの情報を入手し体系的に整理する．

(c) 直接的に

原価計算の処理をできる限りスムーズに行なうために，事業所の原価把握ルールとして，総合原価計算システムが採用されているケースが多い．そのため，どのような行為に対して，どのぐらいのコストが発生したかがなかなかつかめない．特に，事業所内で発生する作業にかかわるコストはどうしてもネットでとらえがちである．それゆえ，すべてのコストに対して，できる限り機能別に，直接費，間接費，および変動費，固定費に分けて把握することを意識する．図表5-19にそのフォーマット例を示す．

コスト構成(機能別)			変動費		固定費	
			直接費	間接費	直接費	間接費
研究コスト	研究調査					
	製品開発					
設計コスト	企画，構想					
	設計，製図					
	手配					
製造コスト	材料	素材				
		購入品				
		管理				
	加工	作業				
		管理				
		設備				
営業，販売コスト						

図表5-19 直接原価把握フォーマット

(2) 原価分析の進め方

原価分析を行なうには、まず現状コストを把握する必要がある。考え方で述べたように、あらゆる角度からコスト情報を収集し、それをベースに部品別、機能ユニット別などの構成要素で発生コストを把握する。その手順を図表5-20に示す。

次に、この構成要素（部品、材料なり作業）別コストと前ステップで把握した機能系統図上の機能とのマトリックス表を図表5-21のように作成、各機能に対してそれぞれの構成要素のコストを配分する。ただし、このコスト配分は

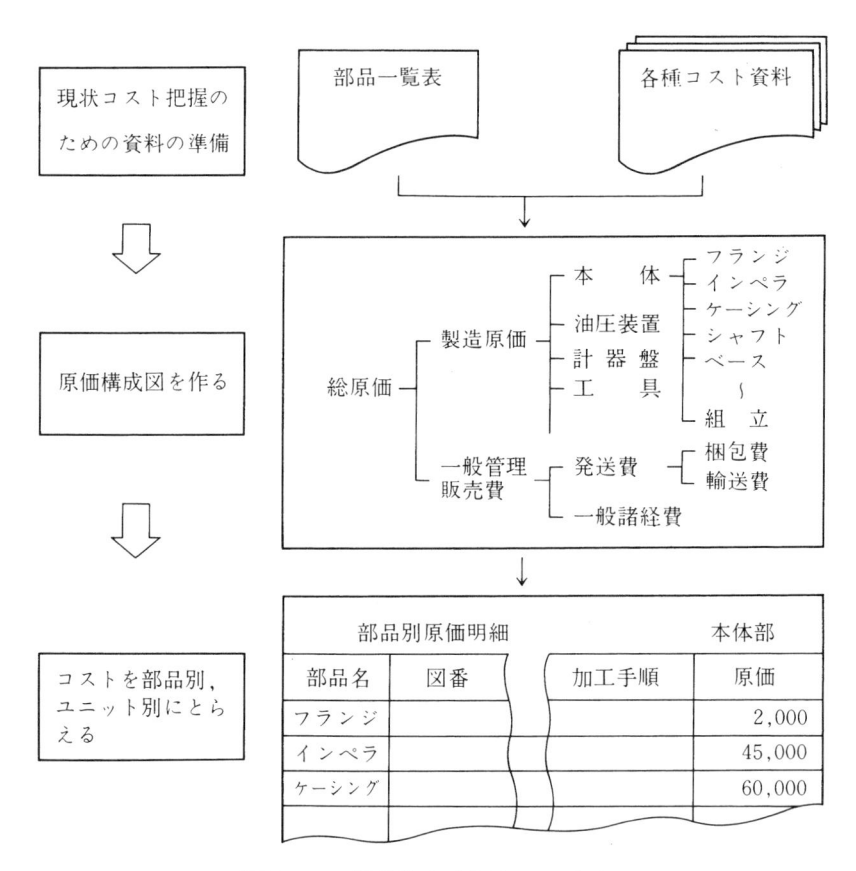

部品名	図番	加工手順	原価
フランジ			2,000
インペラ			45,000
ケーシング			60,000

図表 5-20 製品構成要素別コスト把握

5.5 製品 VE（現行製品への活用手法）

構成要素	現状コスト	機能							
		F_{11}	F_{12}	F_{13}	F_{14}	F_{15}	F_{16}	F_{17}	F_{18}
A	1,700	1,500							200
B	480	162				243		75	
C	1,248		1,248						
D	1,500		1,000		258		242		
E	1,635		480	259		313	128		455
合　計	6,563	1,662	2,728	259	258	556	370	75	655
コスト係数	1.00	0.25	0.42	0.04	0.04	0.08	0.06	0.01	0.10

図表 5-21 構成要素コストと機能コストの対比

簡単にはできない．つまり，必ずしも1つの部品が1つの機能に対応しているとは限らないからである．そこで，それぞれの構成要素（部位，部品または作業）がコスト的に見て各機能に対してどのくらいの割合を占めているか，影響を与えているか，を推測して配分する．この貢献度合の算出には，設計者とコスト算出者との共同作業に依存するか，FD法，DARE法などの評価手法を用いる．これにより，各機能に構成要素のコストを配賦し，機能ごとの合計値を算出，この百分率をもってコスト係数とする．

(3) 価値の把握と評価

ステップ2で算出した機能係数と前手順のコストおよびコスト係数を図表5-22のように記入する．これらを用いて

$$価値係数 = \frac{機能係数}{コスト係数}$$

価値係数を算出し，それぞれの機能の価値が高いか低いかを評価する．

さらに，この価値の高低によりコスト低減の大小を決め，機能ごとの目標低減額を設定する．

一般には，対象品の原価低減目標額または率が対象の選定段階で設定されて

いるので，この目標額（率）に合わせて機能評価値（各機能の目標コスト）を次の式により算出する．

　　　　製品目標コスト＝現状コスト－低減目標コスト

　　　　機能評価値（機能ごとの目標コスト）＝製品目標コスト×機能係数

また，機能ごとの低減目標コストは，

　　　　低減目標コスト＝現状コスト－機能評価値

を用いて計算される．

以上により，本ステップの目的である各機能に対する現状コストの把握とその分析，および低減目標コストの設定が成され，その整理表（図表 5-22）が作成される．

価値係数とは，機能係数をコスト係数で除した比率である．

$$価値係数(V) = \frac{機能係数(F)}{コスト係数(C)}, \quad コスト係数 = \frac{各機能のコスト}{全コスト}$$

価値係数の低いものを改善のアタックポイントにする

価 値 係 数 算 出 例

機　能	機能係数	現　　　状			機能評価値 （目標コスト）	コストの低減の余地 （低減目標）
		コスト	コスト係数	価値係数		
F_{11}	0.212	1,662	0.25	0.84	780	882
F_{12}	0.179	2,728	0.42	0.43	660	2,068
F_{13}	0.107	259	0.04	2.68	390	－131*
F_{14}	0.250	258	0.04	6.41	920	－662*
F_{15}	0.036	556	0.08	0.42	130	426
F_{16}	0.073	370	0.06	1.30	260	110
F_{17}	0	75	0.01	0	0	75
F_{18}	0.143	655	0.10	0.43	530	125
計	1.000	6,563	1.00	0.56	3,670	2,893

＊　価値係数が高いため現状コストで良いと判断するもの．ここの数値は見掛け上の低減目標である．

図表 5-22　価値の算出とコスト低減目標

図表5-22で算出されたコスト係数,機能係数と価値係数の関係をグラフ化したのが図表5-23である.現在の手段において価値の高い機能分野（F_{13}, F_{14}などがその例）と価値の低い機能分野（F_{11} F_{12}などがその例）が図表5-22の価値指数との対比で明確になる.このプロセスを通して重点的に改善できる,すべき機能分野を抽出される.

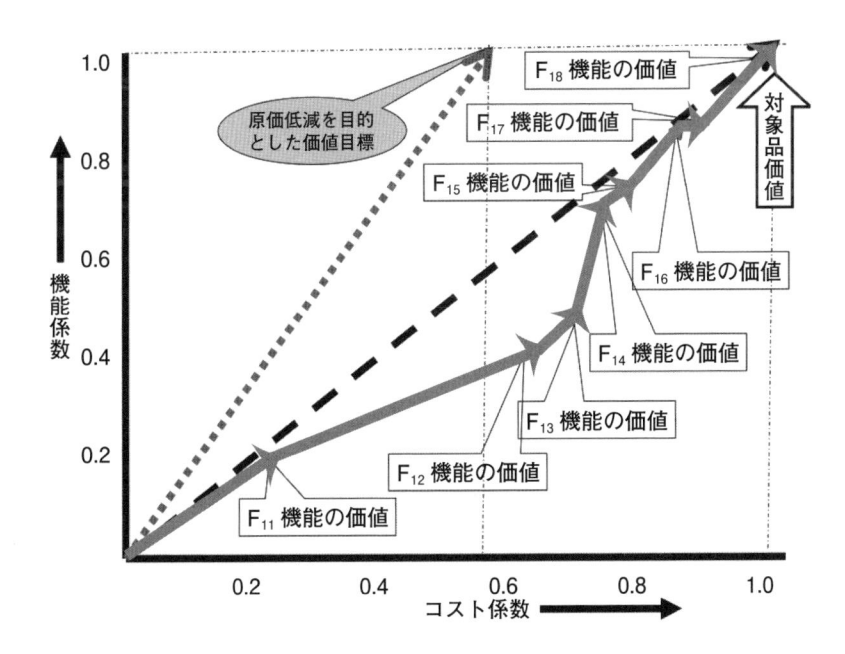

図表5-23 機能分野ごとの価値係数と目標価値

5.5.6 ステップ4：アイディアの発想

アイディアは,ある面では異質情報の結合である.そこには人間の持ち得る知識,経験といった情報がその結合のベースになっているはずである.したがって,チームメンバーの知識,経験の記憶のファイルから要求に見合ったものを引き出す必要がある.これには何かの刺激（引き出すための信号と考えても良い）がなくてはならない.この刺激にあたるのが定義された要求機能と目標

コストである．

　本ステップでは，機能分析の結果より作成された機能系統図にのっとり，この要求機能を刺激信号として一切の権威や固定観念を廃し，受容的でなごやかな雰囲気のなかで自由に，無責任に思いついたことを発言し合い，代替案のためのヒントを作りだそうとするものである．目的集中として得られた機能および目標コストに向けて思考を拡散させ，あらゆる角度から原価低減に結びつくと思われるアイディアを発想するのが，本ステップの目的である．

　製品 VE のアイディア発想は，図表 5-24 に示されるフローにのっとって行なうと効果的である．ただし，ある程度，目標に対し効果が見込める場合にはブレーンストーミングとアイディアの確認の手順のみでも良い．

(1) ブレーンストーミング

　ブレーンストーミングの考え方，進め方は第 4 章で述べているので，ここでは製品 VE を実施する場合のブレーンストーミングの手順を述べる．

① ステップ 2 で作成された機能系統図および目標コストを全員に見える所に貼りつける．

② チームリーダーは，アイディアを発想する順序を機能系統図上の機能で示す．

③ ブレーンストーミングの一般的考え方に従い実施する．特に，リーダーはブレーンストーミングの"4 つの規則"を説明し，メンバーに徹底させる．場合によっては壁に全員が見えるように貼り出しておく．

④ ブレーンストーミングの成否の"カギ"はリーダーが握っているといっても過言ではない．したがって，リーダーは常に下記の点に注意してチームメンバーをリードすべきである．

- 自由で愉快な雰囲気をつくりあげること．必要があれば簡単な例題などでウォーミングアップをする
- 発言は自由にさせるが，他の人のアイディアに便乗する場合は優先させる

5.5 製品VE（現行製品への活用手法）

```
        ┌─────────────┐
        │  機能系統図  │
        └──────┬──────┘
        ┌──────┴──────┐
        │ ・機 能      │
        │ ・目標コスト │
        └──────┬──────┘
```

┌─ ブレーンストーミング ── 自由に各要求機能に対しアイディア（ヒント）を出す。集団の力により思考拡散を行なう。

├─ アイディアの確認 ── 出されたアイディア（ヒント）に対しチームメンバー全員による内容の確認と追加アイディアの発想。

├─ 分類評価 ── アイディアの抽象度、促効性、要求機能の満足度などによって分類し、各アイディアを具体化に結びつけるステップに導く。

├─ 〈具体性のあるアイディアか〉 YES ─┐
│   NO   │
├─ 本質追求 ── 拡散されたアイディアを収束させるために各アイディアの本質、真髄をさぐりこれを体系的にまとめる。
│   │
├─ 直接類比 ←─────────────────────────┘ 体系的にまとめられたアイディアの本質にもとづき直接類比を行ない現行する"物"を列挙する。

├─ 結合化 ── 列挙された"アイディア"を具体案として抽出し、要求機能を満足するように結合する。

└─ 適合性評価 ── 具体案に結びつけるため要求仕様を満足しているか否か評価する。

（製品VEのアイディア発想手順）

        ┌─────────────────┐
        │ アイディアの具体化 │
        └─────────────────┘

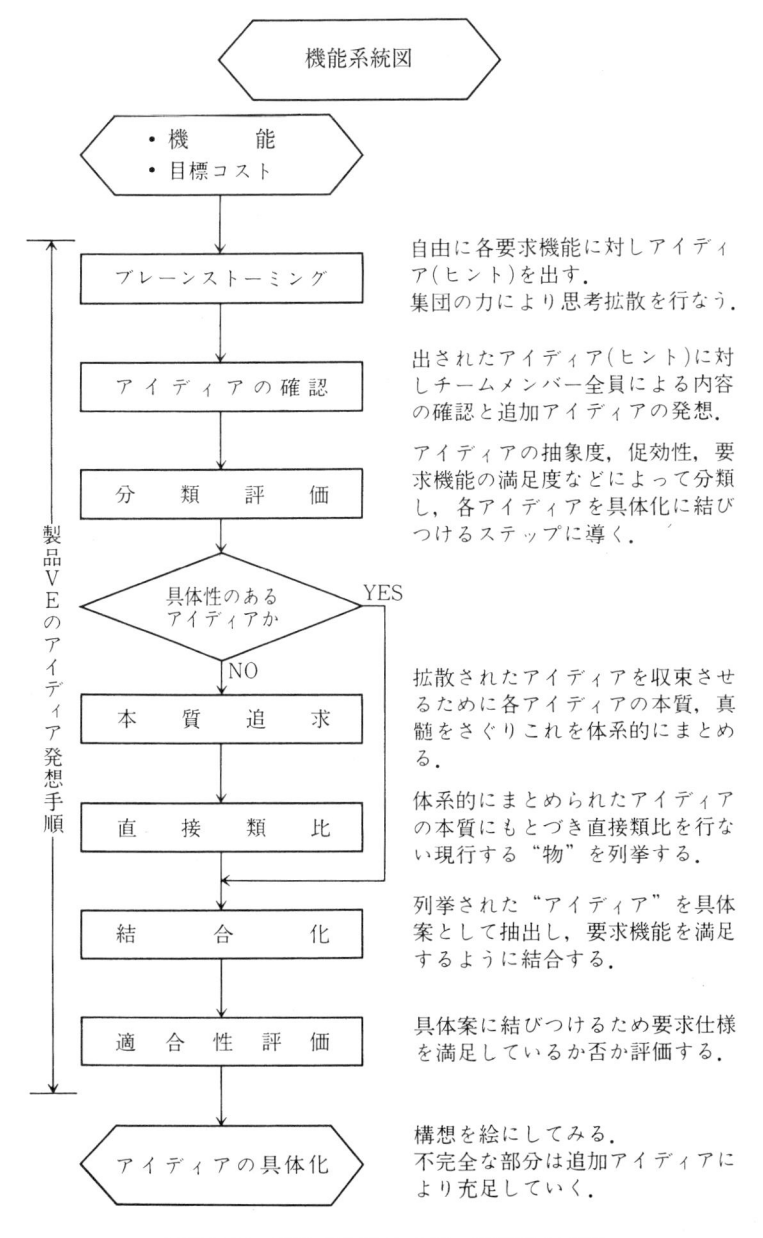

構想を絵にしてみる。
不完全な部分は追加アイディアにより充足していく。

図表5-24 製品VE用アイディア発想の手順

- 批判する人がいたらうまくおさえる
- アイディアの流れを妨げないようにする．そのためには同じアイディアが出ても平気で書かせる
- 発言しない人がいたら指名して発言させる
- アイディアの結合を奨励する
- アイディアが途絶えたらテーマを下位機能に下げるか，誘い水としてチームリーダーがアイディアを出す

また，チェックリスト法，特性列挙法，希望点列挙法などの個人技法を使用するのも良い．原価低減のためのチェックリストとしてよく活用されているDOD（アメリカ国防省）のチェック項目[7]を以下に示す．

DODのチェックリスト

＜一般事項＞
○部品が省略できるような設計変更はできないか
○現在設計されているものは，類似品でもっと安く購入できないか
○標準部品は使用できないか
○標準部品を変更して，もっと経済的にならないか
○部品の外観を良くするのであれば，その根拠は何か
○同じ機能を果たすもっとコストの安いものはないか
○部品を単純化するための設計変更はできないか
○標準の検査器具が使えるような設計にならないか
○他の製造用に設計した部品が使えないか
○もっと安い材料が使えないか
○材料の種類を減らせないか
○新材料を調べてみたか，また，使えるものはないか

＜加工＞
○機械加工は全部必要か
○もっと単純な作業ではだめか
○標準切削工具が使える設計にならないか

○必要以上に厳密な公差になっていないか
○加工のしやすい他の材料が使えないか
○タップ立ての省略できる締付具はないか
○タップ穴の代りに溶接ナットが使えないか
＜組立て＞
○2部品と3部品を1つに結合できないか
○部品を左右対称に作れないか
○組立速度をあげる治具はないか
○使われている製品サイズは最小か
○在庫品が使えないか
○リーマ通しを省略するためロールピンが使えないか
＜仕様と標準＞
○特注品の代りに標準部品はないか
○特殊部品の代りに標準部品の変形品は使えないか
○仕様を変更してコストが下げられないか
○シリンダとギヤモータのような標準作動装置は使えないか
○標準製品が使えないか
○すべてのネジは標準品か
○標準の切削工具は使えないか
○標準のゲージは使えないか
○機械加工が省略できるような許容公差仕上の可能な材料はないか

⑤　各機能に対してアイディアを出し終えたと判断したら，とりあえず次の手順に移る．アイディアが出なくなり考える時間ばかりが長くなるような状態の時も次の手順にとりあえず移る．

(2) アイディアの確認

ブレーンストーミングで出されたアイディアは直感的発想なので，内容が抽象的で真意がつかめないものが多い．そこで，出されたアイディアを全員でそ

の真意を確認しつつ，また，より具体的アイディアに移行できるものはアイディアの追加，修正をし，チーム全員でアイディアに対するベクトル合わせを行なう．さらに，便乗で追加アイディアを連想させても良い．

① ブレーンストーミングで出されたアイディアをリーダーは読みあげ，チーム全員のコンセンサスが得られる内容であるかどうか討議する．一般的にアイディアが何通りかに解釈される場合とか，抽象的すぎてつかみどころがないようなアイディアは，十分話し合い，コンセンサスが得られる表現に変える．

② アイディアを明確にする場合，アイディアを出した人が必ず答える必要はない．そのアイディアに対して解釈できる人が自由に説明する．チームリーダーは，いろいろな解釈を調整，統合してアイディアに追加修正を朱書きする．解釈が2通りある場合は，アイディアを2つに分けて記入する．

(3) 分類評価

ブレーンストーミングで出されたアイディアのなかには，単なる問題の指摘，ヒント，知識のスポット的提供にすぎないもの，すぐ具体化できるもの，まったくアイディアとして意味をもたないものなどが玉石混淆している．そこで，各アイディアを効率良く具体化にもっていくために，これらを分類し，混淆している"石"を取り除くのが分類評価である．

① 具体案の抽出：出されたアイディアのうちすぐに実行可能なものを取り出す．この時の判断要素を以下に示す．
- 機能系統図の制約条件を満足しているか．
- 具体性があるか．
- 略図が画けるか．
- コストメリットが有るか．

など．

② 発想された各々のアイディアを，
　△………具体化

○………再検討

に分ける.
③ すぐに具体化できるアイディアは保留し,再検討のアイディアを用いて次の手順に進む.

(4) 本質追求

再検討のアイディアのなかから親近性のあるものを集め,それらのアイディアについて,何を活用して,またはどんな原理を用いて,要求機能を達成させようとしているのかを明確にする.

① 分類評価されたアイディアですぐ具体化できないものは全部カードに書く.書く時の注意は次のとおりである.
- 1つのアイディアでも内容が3つなら3枚のカードに別々に
- カードに表現する字数はあまり多くしないように要約して
- カード一枚一枚が独立しても意味がわかるように
- 書く人の主観をまじえてはいけない
- 完全に重複するアイディアは取り除く
- 内容的に不要と思われるアイディアも合議を経ずに捨てないこと

② それぞれのカードから親近性のあるアイディアを抽出し,グルーピングする.
③ グルーピングされたカードのアイディアを追求し,これをこのグループのタイトル(アイディアの本質)とする.したがって,常にアイディアの本質が追求できるようなグルーピングを行なう.タイトルもアイディアの本質が判明できるタイトルにすることが大切である.なお,図表5-25に本質追求の例を示す.

(5) 直接類比

アイディアの本質追求の結果を踏まえて,そのタイトルと類似のもの(現行する生産物や自然界に存在するものなど)を抽出,列挙する.この列挙された

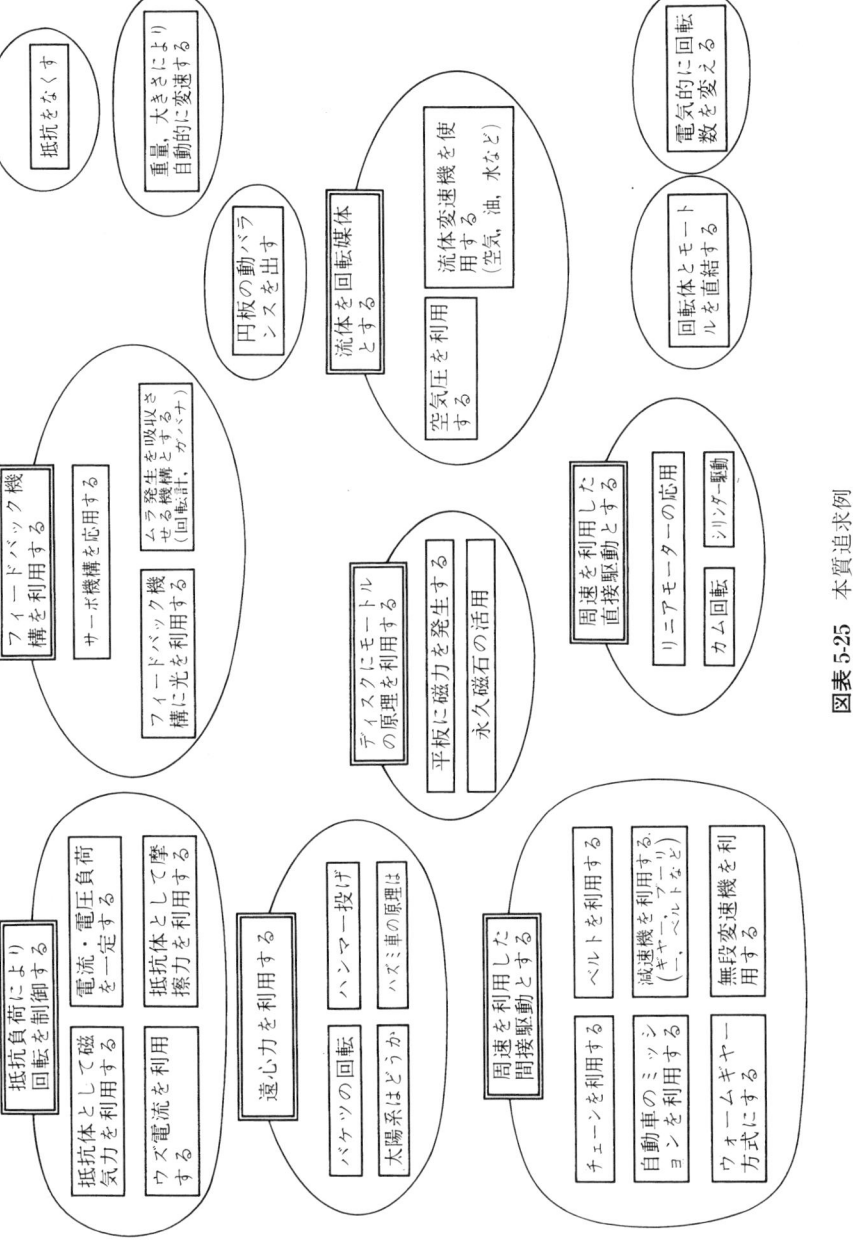

162 第5章 原価低減のための価値工学の活用

図表5-25 本質追求例

- 抵抗をなくす
- 重量、大きさにより自動的に変速する

円板の動的バランスを出す
- ムラ発生を吸収させる機構とする（回転計、ガスケット）

流体を回転媒体とする
- 流体変速機を使用する（空気、油、水など）
- 空気圧を利用する

- 電気的に回転数を変える
- 回転体とモータを直結する

フィードバック機構を利用する
- サーボ機構を応用する
- フィードバック機構に光を利用する

ディスクにモータの原理を利用する
- 平板に磁力を発生する
- 永久磁石の活用

同速を利用した直接駆動とする
- リニアモーターの応用
- カム回転
- シリンダ駆動

抵抗負荷により回転を制御する
- 抵抗体として磁気力を利用する
- 電流・電圧負荷を一定とする
- 抵抗体として摩擦力を利用する
- ウズ電流を利用する

遠心力を利用する
- バケツの回転
- ハンマー投げ
- 太陽系はどうか
- ハズミ車の原理は

同速を利用した間接駆動とする
- ベルトを利用する
- 減速機を利用する（ギヤー、プーリーなど）
- 無段変速機を利用する
- チェーンを利用する
- 自動車のミッション方式を利用する
- ウォームギヤー方式にする

ものの要素，構造などを転化，転用して具体性のあるアイディアに持っていく足がかりとする．つまり，本質追求結果を用いてさらに多くの異質なアイディアを出そうとするのがこの手順の目的である．

現行する生産物なり構造物，製品，部品，植物，動物などから類似性で発想した結果は，より異質性に富んだアイディアとなる．4.4.13項の等価変換思考法の応用である．

① 本質追求結果のタイトルをテーマにかかげ，ブレーンストーミング的に類似項目を列挙する．4.4.12項のNM-T法を活用するとさらに良い．

② リーダーは連想をしやすいように，
　　身のまわりの物では
　　日用品では
　　機械部品では
　　自然現象では
　　交通機関では
　　今まで設計したもののなかには
などの質問を行ない，具体性のある，かつ異質なものどうしの類比を行なわせる．

③ 類比により出てきた"モノ"に対し，いま検討しようとしている機能に照らし合わせて絵に描いてみる．また，この類比結果を要求機能の達成手段とすることにより何が問題か，ディスカッションする．

④ 思考をあまり拡散しないよう，異質の類比結果を具体化にもっていく方策を常に考えながら行なう．

(6) 結合化

いろいろなアイディアを具体案にもっていく段階では，出された多くのアイディアを1つにまとめる結合化が要求される．

本手順は，スポット的に出されたアイディアを具体化するために，分類評価の手順で抽出した具体性のあるアイディアと前手順の類比結果とを結合させる

ことである.
① ブレーンストーミング時に出された具体性あるアイディアや直接類比結果を，再度チーム全員で確認する．
② アイディアを体系的にながめ，具体化レベルごとに分類してみる．この時の考え方は次のようなものである．
- 構想に近いもの（方式的なもの）
- 具体化への過程で考慮するもの：形状，構造，分割数，位置，大きさなど
- 最終的に仕様に合わせて検討するもの：材質，寸法，色など

③ 方式や構造，材質など製品化レベルごとののアイディアをそれぞれ組み合わせ，可能性のあるいくつかを代替案とする（図表5-26）．

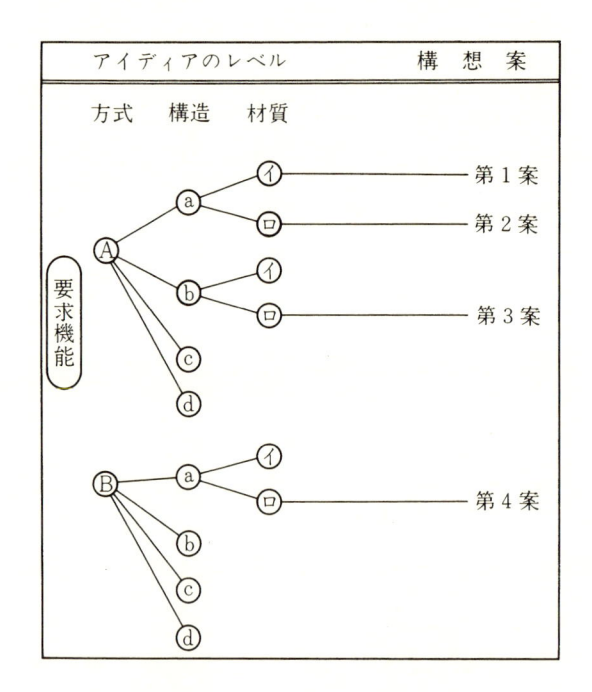

図表5-26 アイディアの結合化

(7) 適合性評価（概略評価）

アイディアを具体化していく段階で，明らかに良くないと思われるアイディアを発展させるのは時間の浪費である．それゆえ，代替案がいくつか設定された段階で，適合性のフィルターをかけ，出されたアイディアのどの結合結果を具体化に結びつける判断をする必要がある．そのために，経済性，拘束性，技術性，魅力性などの観点でアイディアを評価する．

ただし，この評価にはあまり正確さを要求してはいけない．あくまでも具体化に向けての方向づけであるため，評価する時点での情報不足，知識不足などで可能性の大きいアイディアを見逃す危険性は避けなければならない．ここではアイディアを育てる気持ちで評価することが大切である．

① 経済性の評価

経済性の判定は，いま，具体化しようとしているアイディアに対してコストはどの程度下がるのかの大まかな目安をつける．これには，アイディアに対し概算数値を入れるか，または

非常にコストが下がるもの	◎
コストが明らかに下がるもの	○
コストが下がるかどうかわからない	？
コストが高くなるもの	×

などの判定要因でチェックしても良い．

経済性評価で注意しなくてはいけないことは

- 直接材料費，直接加工費，経費または固定費（原価償却費など），変動費（消耗品費など）の数値を大まかにつかむこと
- 治工具費，設備費，設計変更費，テスト費などを考慮する
- できれば，ダイレクトコストで把握して判定する
- トータルコストの概念を導入し，信頼度，輸送コスト，保守性などを含めた広い視野に立った経済性評価をする

② 拘束性の評価

出されたアイディアが会社の方針に反する場合は，当然これを排除する．こ

れには，一般に下記のようなものがある．
- 自社の製造範囲から規制されるもの
- このアイディアを採用することにより顧客の要求規制に反すると思われるもの
- 顧客からの方式，材料などの指定に反するもの
- 方式が会社方針としての決定に反するもの
- 他の会社から特許が申請されており，これを打破できないと思われるもの
- 会社方針として部品や材料の指定（標準化などにより）に反するもの

③ 技術性の評価

技術的実現性の有無を評価する．これには機能系統図上の設計品質条件が評価要因となるが，まず技術的実現性を企業の技術水準，管理水準により判断する．さらに，以下の特性要因をチェックし，具体案として集約できそうか否かを判断する．
- 機械的特性：伸び，弾力率，耐久性，摩耗性，衝撃性，剛性，圧縮強度，曲げ強度，引っ張り強度，クリープ，硬度など
- 電気的特性：耐電性，誘電率，漏電損失，力率，抵抗率など
- 熱的特性：比熱，熱伝導率，熱膨張率，熱変形量，耐炎性，燃焼性，熱可塑性，熱硬化性など
- 化学的特性：水溶性，活性，耐薬品性，耐蝕性，耐光性，化学的安定性，耐候性，耐油性など
- 物理的特性：吸湿性，滑性，復元性，重量，容積，面積，粘度，透明度，濃度など

④ 魅力性の評価

顧客に対する製品の魅力が失われないか評価する．この評価は多分に主観的になりがちであるが，できるだけ定量化して判断するように努める．例えば，下記の項目のような視点で評価してみる．
- 使用目的または利用範囲が狭くなっていないか，逆に拡大するか
- 寿命，使用時間，信頼性が低下していないか

- 安全性，快適性，便利性，維持性，予想故障間隔，点検時間，操作性などの特性が下がってないか
- 操作上の判断力，注意力がより必要とならないか
- 操作費，運転費，維持費が上がらないか
- 形状，デザイン，模様，色，光沢などの魅力が下がらないか

5.5.7 ステップ5：アイディアの具体化

前ステップで出されたいろいろなアイディア（構想案に近い）を具体化して，価値改善，向上可能な代替案を作成することが本ステップの目的である．そのために要求機能を達成するための手段として出されたアイディアを具体的な形（図面化，試作品など）にまでもっていかなければならない．

その方法としては，図表5-27に示すように，出されたアイディアを，具体化イメージを統一するとの意図をも含めてビジュアル化する必要がある．ここ

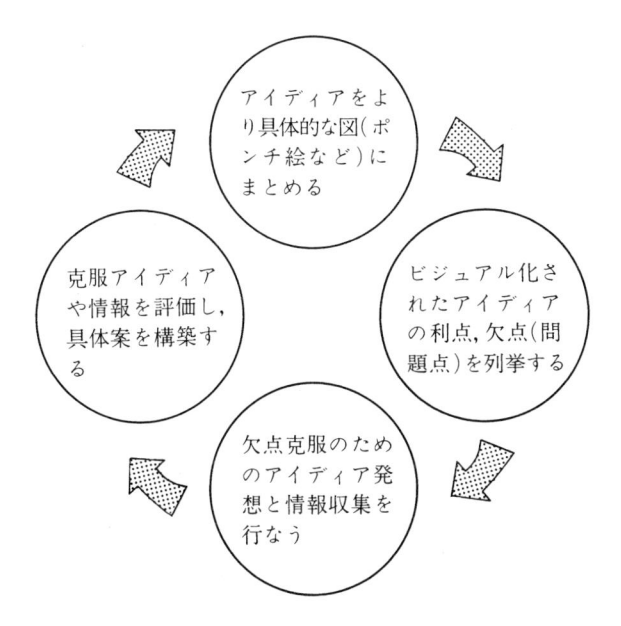

図表5-27 代替案の具体化サイクル

で言うビジュアル化は，概略の絵（ポンチ絵），手書きの立体図といったレベルで良い．

次に，ビジュアル化されたアイディアをながめて，具体化するにあたっての短所なり問題点を列挙する．さらに，問題点を克服するために，専門家の知恵をはじめとするあらゆる情報収集を行ない，知識を結集して具体化案を作成する．この時点でもアイディアの欠点克服として効果的か（技術的に無理はないか），経済性はどうか，拘束性はどうか，魅力性は失わないかなどをチェックしながらより具体性のある姿にビジュアル化する．この略図にまた欠点，問題点があれば再度列挙する．

このように何回かこのプロセスを繰り返し，より具体性のある形にまとめていくことをアイディアの洗練化という．洗練化によって，アイディアはしだいに欠点の少ないものになり，内容も，より具体的になって構造，材質，寸法などがはっきりしてくる．以上がアイディアの具体化の考え方である．

(1) 具体案の作成

前ステップの適合性評価までで概略の構想案がいくつかできあがる．そこで，この構想をさらに具体的に追求し，未決定部分や補助機能などにアイディアを追加して補完し，細部まで明確に構築していく．

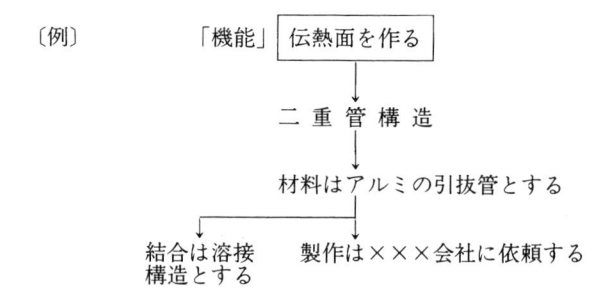

〔例〕 「機能」 伝熱面を作る
↓
二 重 管 構 造
↓
材料はアルミの引抜管とする
↓
結合は溶接　　製作は×××会社に依頼する
構造とする

① 適合性を評価し構想化されたアイディアを絵（略図）に描いてみる．
② 描かれた絵をベースにチーム員によるフリーディスカッションを行なう．チームリーダーは適当にフリーディスカッションさせた後，要求機能

に対し1つひとつチェックしながら，その達成手段を細部までチーム員のディスカッションを踏まえて決定していく．図表5-28にアイディアを具体化するフォーマット例を示す．

③ 達成手段を細部まで決定したら，これにのっとって機能系統図上に達成手段を記入する．これを踏まえて製作図面や見積書など提案資料の作成を行なう．具体化を行なううえで，下記項目に関し注意すること．

No.	アイディア(略図でまとめる)	経済性	拘束性	技術性	魅力性	利　点	欠　点	調査項目
1	板バネタイプ	◎	○	○	◎	1)形状が簡素化されている．2)部品点数が少ない．3)コストが安い．4)フランジの面間距離が短くできる．	1)ライン内でメンテナンスができない．	1)板バネの強度および寿命．
2	ボールタイプ	○	◎	△	○	1)部品点数が少ない．2)シール性が良い．3)ボールの摩耗が少ない．4)組立が簡単である．	1)球面の加工が難しい．2)ボールの安定が心配である．	1)ボールの製作が可能か．
3	ピストンタイプ	○	△	△	△	1)部品点数が少ない．2)小型軽量化が可能である．3)交換が容易である．	1)洩れを起こす心配がある．2)作動の安定が心配である．	1)バイアスの圧力差．

図表5-28　具体化整理表

(a) 仕様決定要因を知り限界に挑戦する態度
(b) その製品に要求されるすべての条件が満たされているかどうかの確認
(c) 無駄な，役に立たない仕様の徹底的排除
(d) 長期的設計思想のうえに立った改善

(2) 具体案の評価

具体化されたアイディア（具体案）が，価値改善，向上の代替案として適しているか否か評価する．

この段階でのアイディアはもはやヒントや問題点の指摘といった抽象的なものでなく，あくまで直ちに実行に移せる具体的なものでなければならない．したがって，すべて所定の提案票に，必要資料を添付して，評価者に対してわかりやすく表現しておくことが大切である．

① 評価の心がまえと方法
- 科学的評価に徹し，コスト評価，性能の保証などすべてをチェックする
- 評価者は設計，製造，検査，資材などラインの責任者であること
- 評価の規準は技術的実行可能性と経済性，拘束性，魅力性の4項目とする
- 評価規準は次の3種類とする

　　　A……即時実行可能なもの
　　　B……テストを要するもの（品質，信頼性の保証のため）
　　　C……参考（現在は採用不可でも，モデルチェンジなど将来検討の可能性のあるもの）

② 機能系統図の修正

改善前の機能系統図に，代替案を追加，修正して，再度機能系統図を作成する．これをベースに下記項目に関し評価する．

- 基本機能が満足に果たされているか
- システムを考えて評価したか
- 定量的な特性に不足はないか
- 機能とコストがバランスしているか

(3) 詳細コストの見積り

具体案としてA案およびB案の評価が得られた原価低減案の詳細コストを見積もる必要がある．そのために把握しなければならないコスト情報は以下の項目である．

① コストの見積りには次の項目を入れる．
- 直接材料費，直接加工費
- 経費，固定費（原価償却費など），変動費（消耗品費など）
- 改善のためのイニシアルコスト（治工具など，設備費，設計変更所要費，型費，テスト費など）
- 不必要品費やその在庫費

② 外注品，購入品は，必ず見積書を取りよせる．ダイレクトコスティングで内作，外作を評価，決定する．

③ 対象品のみのコスト評価でなくトータルコストの考え方を導入し，信頼度，輸送コスト，保守まで含めた広い視野に立ったコスト評価情報を集める．

(4) テストによる具体化案の保証

図面なり，机上検討で性能上OKとなった具体案について，さらに試作テストを行ない，信頼性保証の徹底を図ろうとする手順である．変更には必ず大なり小なりのリスクがつきものであるから，変更点管理は徹底しなければならない．

具体案の評価の段階でB評価の判定を受けたものは，必ず試作を行ないテストする必要がある．いくら原価低減のためとはいえ，必要な機能を損なうことは断じて許されるものではない．決して安物買いの銭失いにならないように，念を入れて実証することが必要である．

① テスト体系の確立

試作テストを行なうにあたっては，しっかりしたテスト体系を作る必要がある．ただ心配だというだけの理由で，せっかくの具体案が葬り去られたり，テ

ストの実行がなされずに時期を失してしまうことがあってはならない．そのために何を，またどんな手順で，どのようにして，いつ，テストするといった事項を明確にしたテスト体系を作ることが大切である．

② テスト費の確保

テストを実施するためには，サンプルの製作，あるいは購入のための費用とそのテストに要する人件費，および期間を確保する必要がある．そのための費用を確保すべきである．ただし，低減効果が少ないのに費用が掛かるものや，期間が長くかかる改善案は捨て去ることも検討すべきである．

③ テスト規準の明確化

試作テストについては，どの程度の期間テストし，どのセクションで，どの規準を用いて，採否の決定をするかというテスト規準の明確化が必要である．

企業では信頼度試験（苛酷寿命試験など含む）および認定制度が設けられ実施されている．この内容を踏まえてテスト規準を設定するのが効果的な方法である．

5.5.8 ステップ6：提案と実施

(1) 提案書の作成

原価低減のための具体案を提案書にまとめ，採用にスムーズに移し，実施するための働きかけをする．提案書作成にあたっては，

- 提案内容を実施する担当者に的確に伝達するように記入する
- 変更のポイントを明確に書く
- 問題点，分析の経過を列記する
- 裏付け資料を必ず添付する
- 提案内容を蓄積し，ケースヒストリーとして整理し，次の原価低減活動の参考資料となるようにする

などを注意する必要がある．提案書のフォーマット例を図表5-29に示す．これは各企業に合ったものをそれぞれ工夫すべきである．

提案の裏付け資料としては下記のものが必要である．

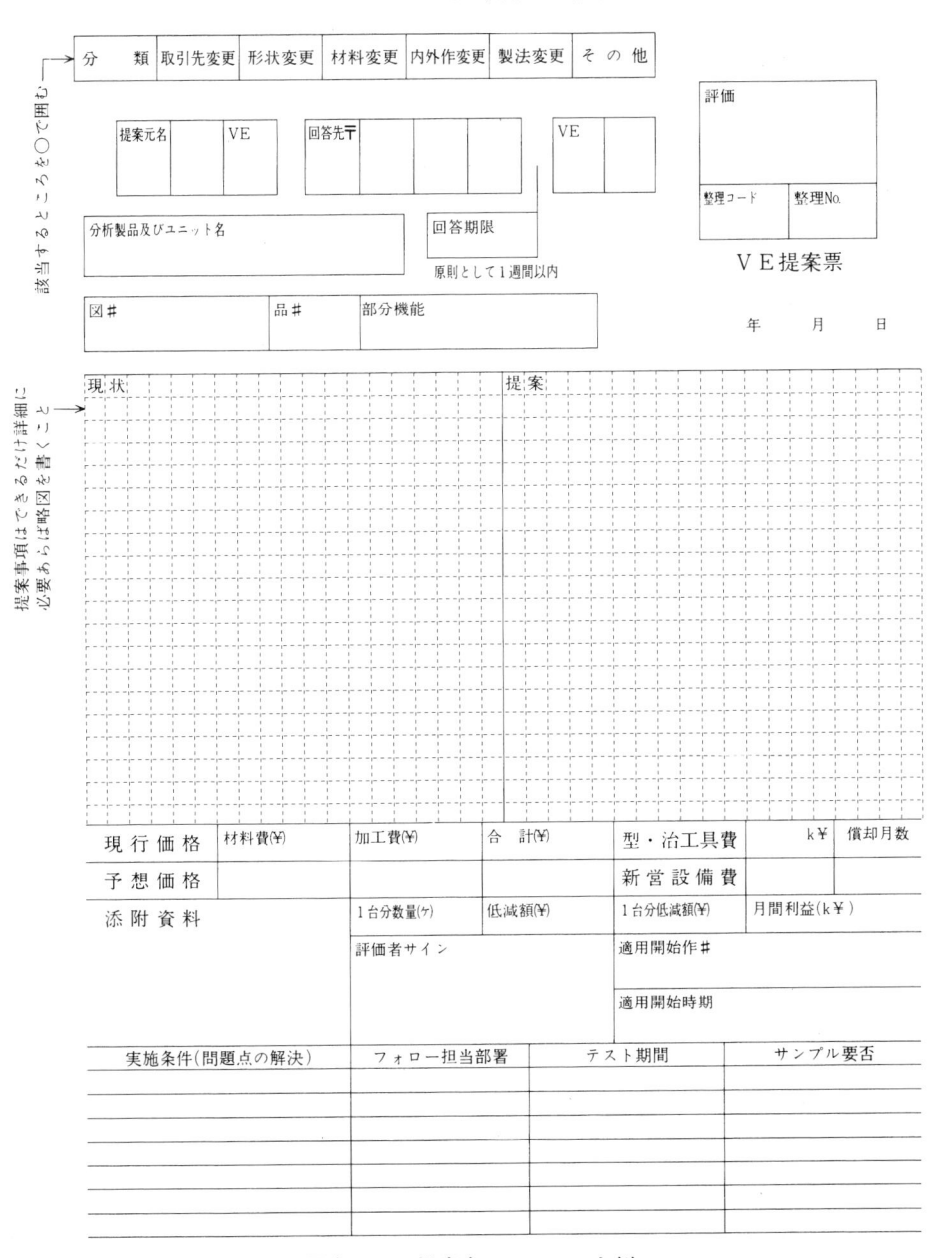

5.5 製品VE（現行製品への活用手法）

図表5-29 提案書フォーマット例

(a) 製品 VE 前後の構造図，詳細図
(b) 見積り明細書，原価計算書
(c) 新規購入先，調達先状況の説明資料
(d) 加工工程，組立工程表とその標準（見積り）作業時間
(e) 品質，信頼性保証データ（計算結果やテストデータなど）
(f) 未解決問題点や実施にあたって注意すべき点
(g) 製品 VE の対象範囲外に影響をおよぼすと考えられる内容とその解決策
(h) 実施までのフォローアップ計画書
(i) その他

(2) 実施に向けてのフォローアップ

　提案された製品 VE 結果を，実施に向けてフォローアップする．これに先だち，設計，製造，検査，購買，営業などラインの責任者による審査会議を開催する．この会議は採否を決定するのが主目的ではなく，提案された内容をいかにスムーズに実施するか．また，どうすれば原価低減効果がより迅速に得られるかに主眼を置いた審議でなくてはならない．そのために各部門がどのように協力体制をとるか，どのような問題点があるか，どうしたら解決できるかなどを明確にし，その内容をフォローアップ計画書に盛り込む必要がある．

　製品 VE は原価低減が目的であるから，期待した低減効果が疑問視される場合は，再度，提案内容を検討しなおして再審査を受ける．この審査会議を通った提案は，フォローアップされ，実施に移されるが，提案は実施に移され予定どおりの低減効果が得られて，初めて製品 VE の成果として評価されることを十分認識してフォローする必要がある．決して「絵に書いた餅」で終わらせてはならない．

　それゆえ，実施に移行するためのフォローアップ計画書（図表 5-30）を提案書ごとに作成し，提案項目ごとにフォローアップ担当者を決め，定期的に公式会議でその進捗度合をチェックするようにする．このフォローアップ会議は必ず経理部門の参画のもとに行ない，事業所収益との連係を常に意識することが

製品ＶＥフォローアップ表

承　認	照　査	実施部門	提案チーム

対象製品および機種名		製品ＶＥ実施日	

対象ユニット	(¥/月) 対 象 額	提　案　効　果　(¥／月)			
		材料費	加工費	間接(質的)効果	投資金額
					：　¥ ： ：
代表品種名：	(生産数：　個/月)				

実行計画　（期間　／　期　月～　／　期　月）

NO	部　位	NO	提案項目	フォローアップ担当者	提案金額 改善前 a	改善後 b	低減額 a-b	フォローアップスケジュール							
提案効果額実現率　（　¥＝100%）								%	%	%	%	%	%	%	

図表 5-30　フォローアップ計画書

重要である．

提案のフォローアップは下記の手順で行なう．
- 提案書に基づき，フォローアップ計画書を作成し，進捗状況を管理する
- 提案内容の確認のためにフォローアップ計画書の完成後，関係部署の責任者によりフォローアップ遂行計画会議を開催する
- スケジュールどおりに各作業を進行させるため，フォローアップ会議を定期的に開催する
- 提案項目が何らかの理由で廃案になったり，フォローアップ歩留りが80％を割る場合には，対応策の検討および目標低減金額達成のための代案の作成を実施する

5.6 横断VE（現行部品横断的活用手法）[6]

5.6.1 横断VEの考え方

横断VEは，対象を製品または製品機種としてとらえるのではなく，製品を構成している部分機能に着目し，同一機能または類似機能を"群"として検討対象にするのが特徴である．メーカが製品を提供するのは，ユーザから要求された機能を有形化した結果であり，この有形化物（製品）は部分機能より構成される．1つの企業なり事業所がまったく1種類の製品しか製造していないケースはまれであり，常に複数の製品なり機種群で構成されている．それゆえ，同一または類似部分機能を抽出してそれらを"群"として原価低減の対象にすることは，企業体なり事業所としての収益改善，価値改善にとって効率的である．

この部分機能を外部から調達するのが資材部門なり購買部門の役割であり，事業所内で作成するのが製造部門の役割と言える．そのため横断VEは，資材部門，購買部門，製造部門，物流部門，据付工事部門など，製品をユーザに届け，使用するまでの各段階で部分機能を提供する部門を対象に活用できる．つまり，横断VEは，図表5-31のような範囲を対象とし，その企業体なり事業

5.6 横断VE（現行部品横断的活用手法）

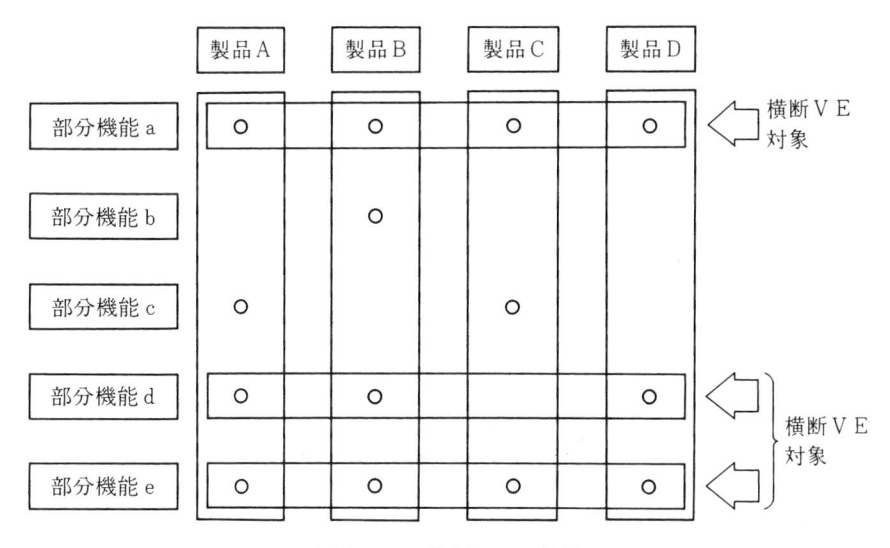

	製品A	製品B	製品C	製品D	
部分機能a	○	○	○	○	← 横断VE対象
部分機能b		○			
部分機能c	○		○		
部分機能d	○	○		○	← 横断VE対象
部分機能e	○	○	○	○	←

図表 5-31 横断 VE の対象

所収益改善のための原価低減を行なうことである．

ただここで注意しなくてはならないのは，部分機能群として横断 VE を実施して最適化を図ることが，各製品機種にとっての最適化に結びつかない場合がしばしば生ずることである．

逆に製品機種を直接対象に価値工学を適用して原価低減を行なうことが，その企業体，事業所の収益改善に結びつかないケース（標準部品の変更など）もある．したがって，事業所全体の収益や計画を睨んで横断 VE 実施するか否かを決定することが重要となる．

それゆえに，その製品なりサービスが現在どんな状況に置かれているのか，売上高は大きいか，小さいか，伸びは，利益額，利益率は，などを調査し，横断 VE の対象機種と製品 VE の対象機種を見分ける必要がある．図表 5-32，図表 5-33 に見分けるための管理図表の例を示す．

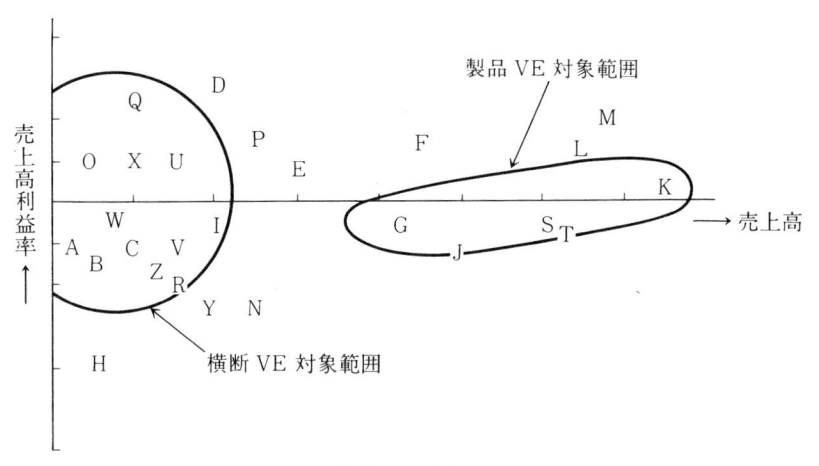

178　第5章　原価低減のための価値工学の活用

図表 5-32　機種別収益状況と VE 適用

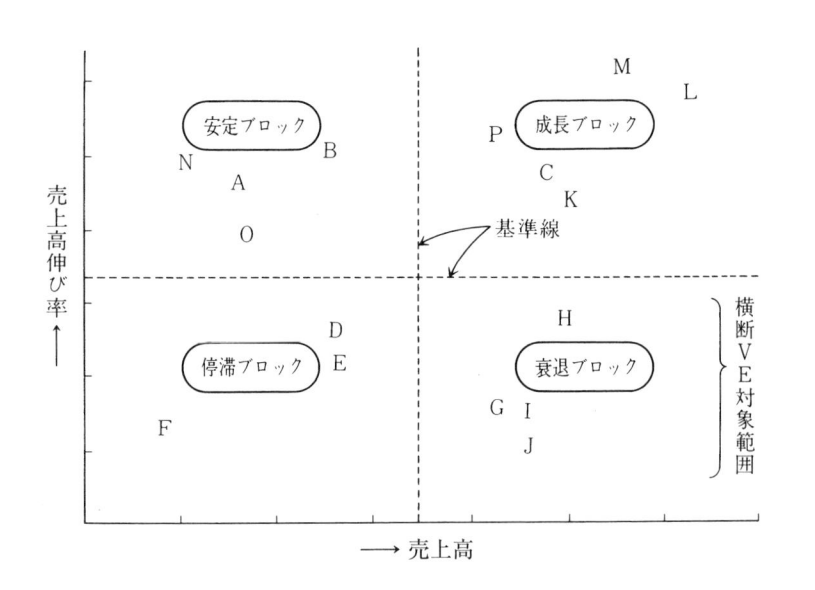

図表 5-33　製品売上高変動分析チャート

5.6.2 横断 VE の実施手順

横断 VE は，類似の機能をどのように抽出するか，その抽出された機能に対し，価値＝機能／コストの式にあてはめ，価値をどのようにして把握，評価するか，評価された価値を改善，向上するため（原価低減するため）には，どのようにしてアイディアを発想するか，などが重要な手順となる．そのために，それぞれの部位の機能を定義し，同一機能を抽出，その機能の達成度（性能値）とコスト（購入価格の場合もあれば製造原価の場合もあるためここでは"コスト"を用いる）との関連をグラフ化し，このデータを踏まえて原価低減可能なポテンシャルを抽出するためのアイディアを発想する．このときの考え方は，グラフ上で同一性能で最も安価な部位（部品）に着目して，それと対象部位（部品，機能ユニットなど）とのギャップに低減要因を意識することが大切である．これら一連の手順（ジョブプラン）を図表 5-34 に示す．また，図表 5-35 には購入部品に横断 VE を適用したときの実施ステップを示す．

5.6.3 ステップ 1：対象の選定

横断 VE の対象選定は，どの部位または，どの機能に着目するかが重要な設定事項である．横断 VE の目的は，部分機能を達成するための，価値の高い有形品を検討することであるから，同一機能を持った部位の整理がまず必要となる．部位は，従来，習慣的に呼ばれている部品名によって，取り扱われ，整理されるケースが多い．そのため，部品本来の有している機能を見失いがちである．したがって，横断 VE の対象の選定にあたっては，各構成部品を機能ごとに，パレート分析を行なうように心掛けるべきである．

つまり，図表 5-36 に示されるように，同一機能を横断的に抽出して，そのなかから次のような点を配慮して対象の選定を行なう．

- 企業の収益計画に最も効果的なもの
- 対象範囲はできる限り広い視野で
- 効果的タイミングで
- VE 効率を考えて

	ステップ名	ステップの概要
ステップ1	対象の選択	横断VEを"どの群"を対象として実施するか検討し，選択する．そのために，事業所長や関係するトップのVE活用方針を充分把握しておくことが大切である．
ステップ2	機能分析	対象とする"群"の機能を分析し，定義する．各対象品（部位，ユニットなど）の機能達成度（仕様，性能値など）を要求条件として，この時に明確にする．そのためには，群としてとらえた対象品の図品やモノ，仕様書などを集め，解析する必要がある．
ステップ3	コストレベルの把握	対象として選定した機能の，それぞれの達成度とコスト（購入価格，部品製作費など）とをグラフ上にプロットして，コストのバラツキ度合，傾向を把握する．
ステップ4	ポテンシャルの発見	コストレベル把握のグラフ上から，原価低減のためのポテンシャルを見出す．それには，最も低い位置にプロットされたコストとのギャップを低減ポテンシャル金額として算出し，そのギャップ発生要因（ポテンシャル）を追求する．
ステップ5	低減要因の抽出	ポテンシャルをベースに，原価低減のためのアイディアを発想する．つまり，どうしたらポテンシャルをつぶすことができるか，その解決策を思考し，具体案にまとめるのが本ステップである．
ステップ6	効果の把握とフォローアップ	原価低減のための具体化案の評価を経て，フォローアップ計画にもとづき改善案を作成する．また，横断VEの効果も定量的に把握する．

図表5-34 横断VEのジョブプラン

- 購入金額，製造原価の大きなもの（パレート分析結果による選定，多機種の製品にわたる共通品）
- 継続的に使用しているもの（常備品，認定品，主流製品の機能部品）
- 将来，購入金額の増大が予測されるもの（新製品，将来製品の機能部品）
- トラブルの多い部品（納期遅延の多いもの，不良率の高いもの）
- 隘路になると思われるもの（不足資源使用品，公害発生品および公害設備

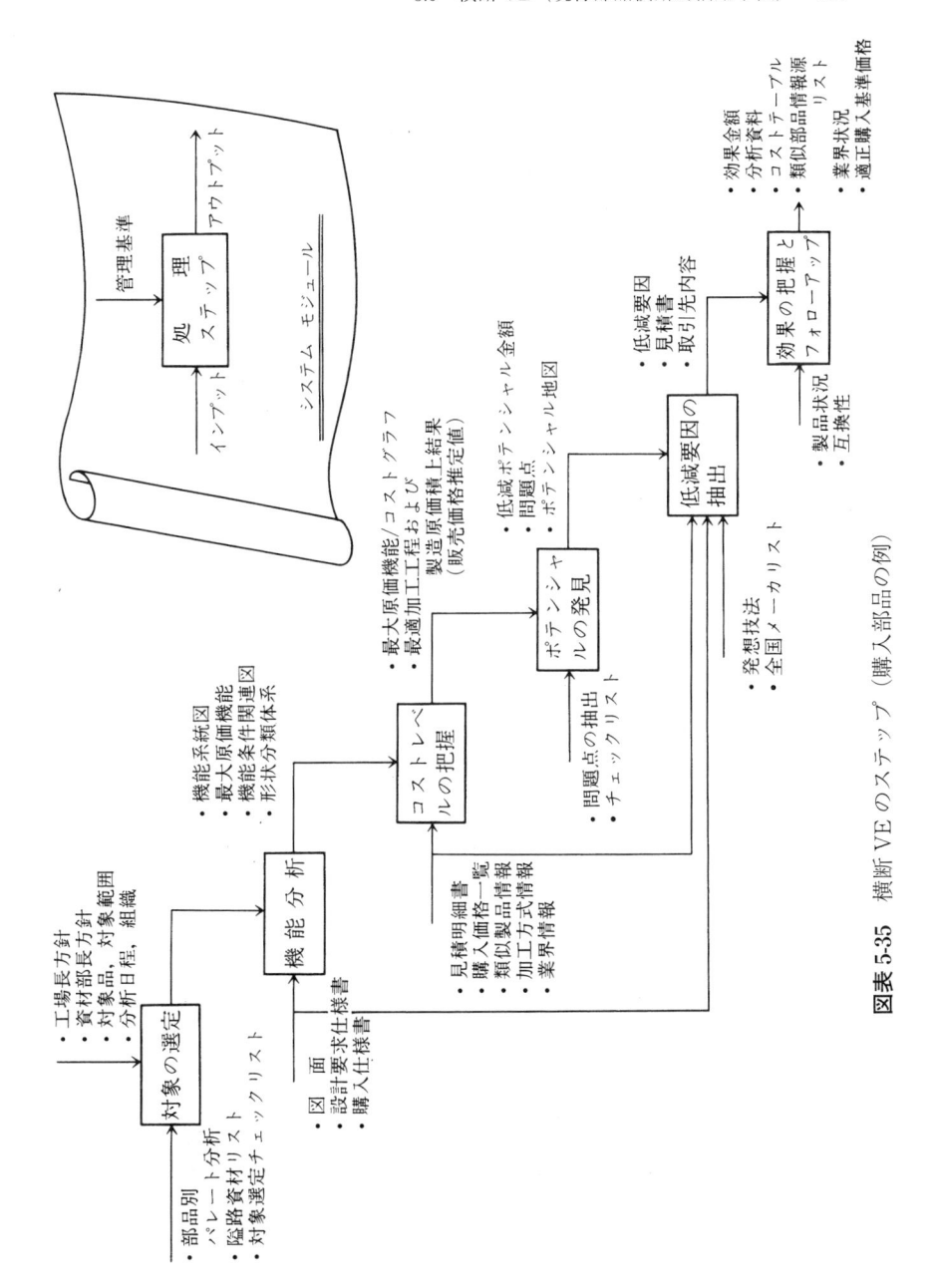

5.6 横断VE（現行部品横断的活用手法） **181**

図表 5-35 横断VEのステップ（購入部品の例）

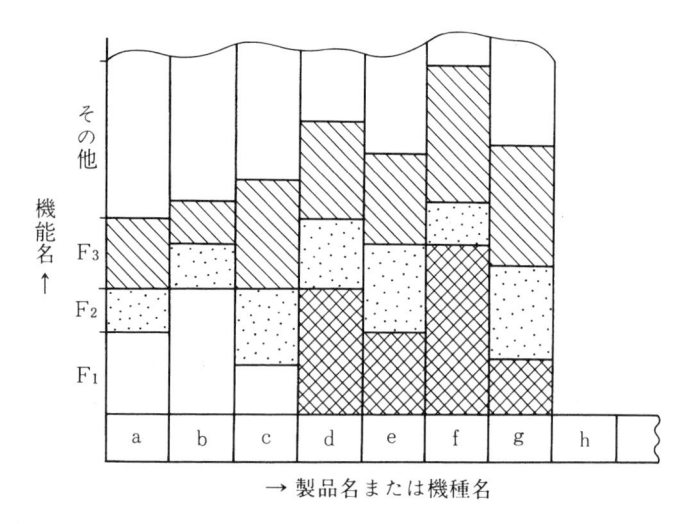

図表 5-36　各製品を構成する機能のコストウェイト

使用品）

図表 5-37 は，原価低減の対象として抽出された機能部品（部品や作業など）のパレート分析例である．

5.6.4　ステップ 2：機能分析

前ステップで同一機能として抽出されたそれぞれの対象品に対して，機能を細部まで明確に把握し，それらの機能のなかで基本機能を構成する「最大原価機能」（それぞれの対象品が有している機能で，かつ，これに依存する仕様値が，購入価格（製造原価）を左右するような機能をこのように定義する）を摘出し，この価値を高める手段を創造することが目的である．

具体的作業手順を下記に示す．

① 対象品に対して，設計の要求機能，要求仕様の情報を集め，一覧表にする（図表 5-38）．
② 対象品の有している機能を，可測的名詞と広義の動詞で定義する．
③ 列挙された機能を機能系統図に作成する．このとき，部品の種類が判明

5.6 横断 VE（現行部品横断的活用手法） **183**

機能：「振動エネルギーを阻止する」パレート図

No.	品目	担当設計部署	適用機種	制約条件	過去における問題点 （事故事例，改良経歴他）
	a	コンプレッサー設計	MEH－35C	動バネ定数 9.6以上	コンプレッサーの振動が大きすぎる
	b	〃	MEH－50C	〃 13.5以上	
	c	〃	〃	〃 62以上	防振効果が少
	d	冷凍機設計	BK－1069	〃 6.5～10.0	
	e	〃	BK－		
	f	〃			

部品名：バネ
機 能：振動エネルギーを阻止する

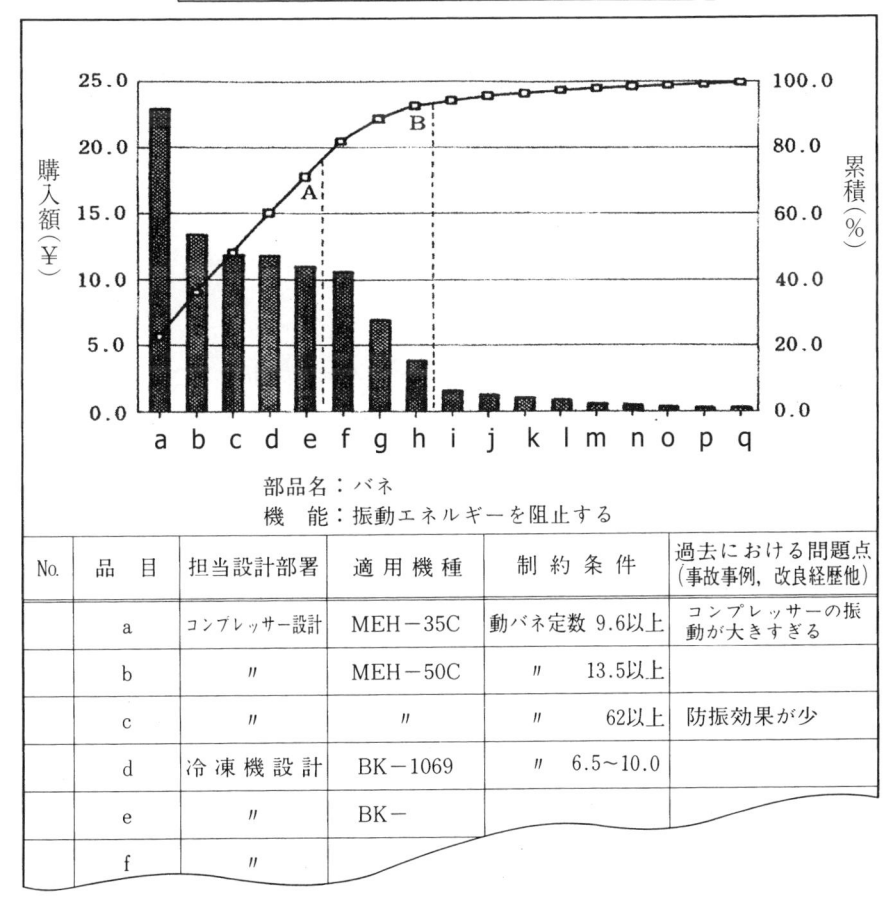

図表 5-37 機能分類によるパレート図

するような展開ができると良い（図表 5-39）．この機能系統図は，各機能間の，相関関係の把握と理解，最大原価機能の抽出などを目的に作成する．
④ 作成された機能系統図より，最大原価機能を抽出，設定する．
⑤ 最大原価機能を左右する仕様値（可測的名詞のパラメータ化）を探す．最大原価機能とその仕様値の関係は下の例のようなものである．

図番	交換熱量 kcal/h	高温側					低温側		
		流体	流速 m/s	入口温度 ℃	入口圧力 G kg/m²	伝熱面積 m²	材料 (TUBE)	流体	流速 m/s	入口温度 ℃
16 C 2 006296	5,000	潤滑油		45〜50	2〜3	15	DCUT 1	工業用水		15〜40
16 C 2 007291	4,000	〃		〃	ATM	15	OFCTU	〃		〃
16 C 2 010623	8,000	〃		〃	〃	32	〃	〃		〃
16 C 2 021610	16,000	〃		〃	〃	60	〃	〃		〃
16 C 1 006670	143,000	各種ガス	15〜6	180〜100	2〜40	15	STB 33 OFCUT CNTE	工業用水	0.2〜0.4	15〜40

図表 5-38 対象品に対する情報収集結果

部品名	最大原価機能	仕様値
熱交換機	熱エネルギーを交換する	交換熱量
電磁継電器	電流を開閉する	換点容量
コンデンサ	電力を蓄える	蓄電容量
抵抗器	電流を制限する	抵抗値
バルブ	流電を制御する	弁口径

⑥ 対象品の仕様特性とコストの構成要因の因果関係を図にする．この図を「コスト条件関連図」と呼ぶ（図表 5-40）．

5.6.5 ステップ 3：コストレベルの把握

横断 VE の主眼は，製品に当然具備されねばならない部分機能を，最低のコストで，達成する手段を見つけ出すことである．

しかし，最低のコスト，つまり，最も価値の高い手段を見つけ出すことは，難しい．そこで本ステップでは，対象にした部分機能を達成するためには，どのくらいのコストレベルにすればよいのか，コストの最低ラインを推測するこ

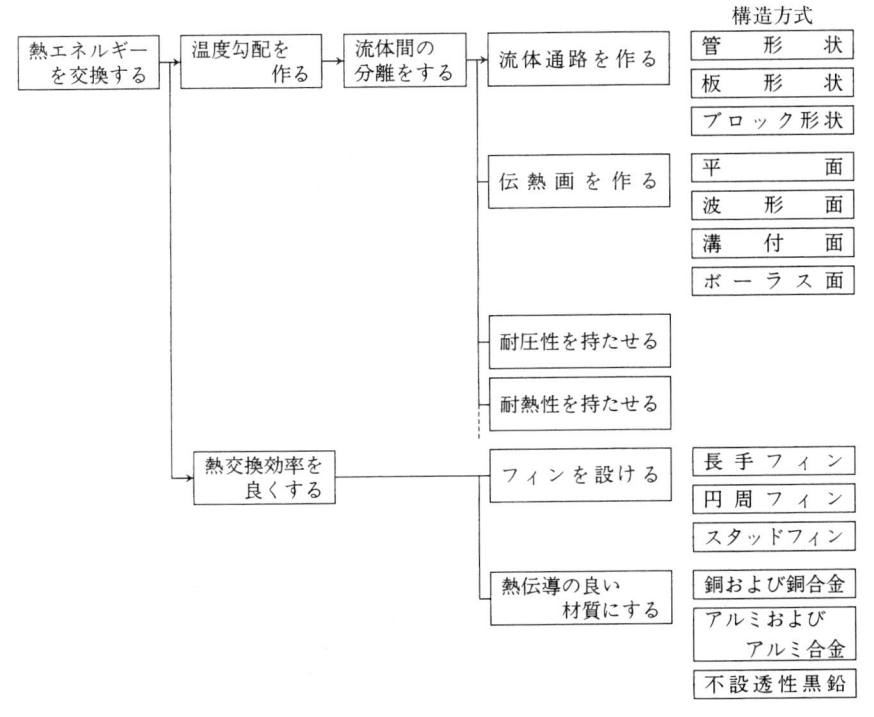

5.6 横断 VE（現行部品横断的活用手法）

```
熱エネルギー    温度勾配を    流体間の    流体通路を作る         構造方式
を交換する  ─  作る     ─  分離をする ─                    ┌ 管 形 状 ┐
                                                          │ 板 形 状 │
                                                          └ ブロック形状 ┘

                              伝熱面を作る         ┌ 平   面 ┐
                                                  │ 波 形 面 │
                                                  │ 溝 付 面 │
                                                  └ ポーラス面 ┘

                              耐圧性を持たせる
                              耐熱性を持たせる

         熱交換効率を          フィンを設ける      ┌ 長手フィン ┐
         良くする                                 │ 円周フィン │
                                                  └ スタッドフィン ┘

                              熱伝導の良い        ┌ 銅および銅合金 ┐
                              材質にする          │ アルミおよび   │
                                                  │   アルミ合金   │
                                                  └ 不設透性黒鉛 ┘
```

図表5-39 "熱エネルギーを交換する"機能系統図（熱交換器）

とを目的としている．

このコストレベル把握の方法には，下記に示すように，2つの方法がある．1つは"機能"を具体的"形態"に変換した時に生ずる，材料費，加工費などの積み上げによるものである．もう1つは，同一機能部品間での比較によるものである．

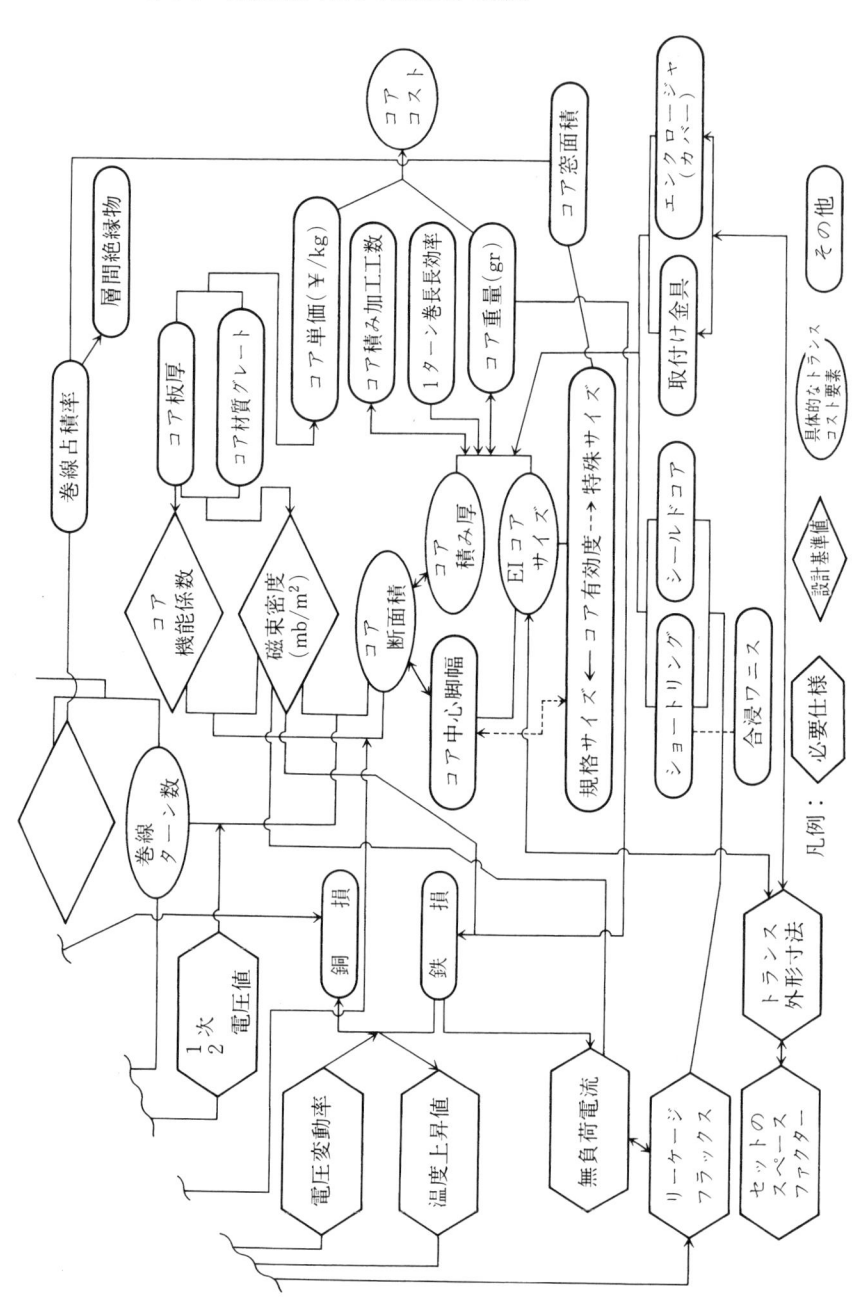

図表 5-40 コスト条件関連図の例（電源トランス）

5.6 横断VE（現行部品横断的活用手法） **187**

方　　法	コストに対する見方	特　　徴	具　体　的　方　法
機能より形態を推定してコストを積み上げる方法	買う側に立った見方	1. 形態の詳細な情報が必要である（詳細部品図） 2. 加工工程，加工時間，材質などの推定には情報収集に時間がかかる． 3. 目標コストとしては精度が高い． 4. 賃率，一般割，利益など販売価格算出は困難を伴う．	① 設計仕様値より「コスト条件関連図」をベースに理論的に積み上げる． ② 現行品を規準工程に従って積み上げる．
同一機能を持つ類似部品より推定する方法	売る側に立った見方（購入可能な価格）	1. 類似部品の定義およびコスト範囲を明確にしにくい． 2. 最大原価機能の抽出が難しい． 3. 目標コストとしてはラフであるが，機能に対するコストレベルが容易にわかる．	③ 最大原価機能をキーにして同一機能で比較する（機能/コスト チャートを作る） ④ 同一品名または類似品名の市場価格より比較推定する．

　前者は，機能を達成する側が，製作工程，工数，材料費などを推定して積み上げる方法である．したがって，買う側に立ったコストレベル把握の方法である．後者は，現在，販売（内部で製造している場合でも製造部門が販売していると考えてみる）されている同一機能部品から推定しようとする方法である．つまり，供給側でコストが決定されるから，売る側に立ったコストレベル把握の見方である．この両者には表に示すように，具体的方法として，それぞれ2つずつの手段がある．図表5-41には，具体的方法③の最大原価機能によるコストレベル把握の例を示した．他の方法をこれに併用するとさらに良い．図より，Xm^3の筐体を得るにはYk￥最低必要であることが判明する．

　この金額レベルをつかむことがコストレベルの把握である．

5.6.6　ステップ4：ポテンシャルの発見

　前ステップで，最大原価機能の，可測的名詞をパラメータ化した仕様値に対

188   第5章　原価低減のための価値工学の活用

するコストレベルが設定され，図表5-41のようなグラフが画かれた．

　図表5-42はこの考えをモデル化したものである．図表において現在対象にしている部品それぞれのコストと，コストレベルとの差額を求める．この差額を，ここでは，「低減ポテンシャル金額」と呼ぶ．

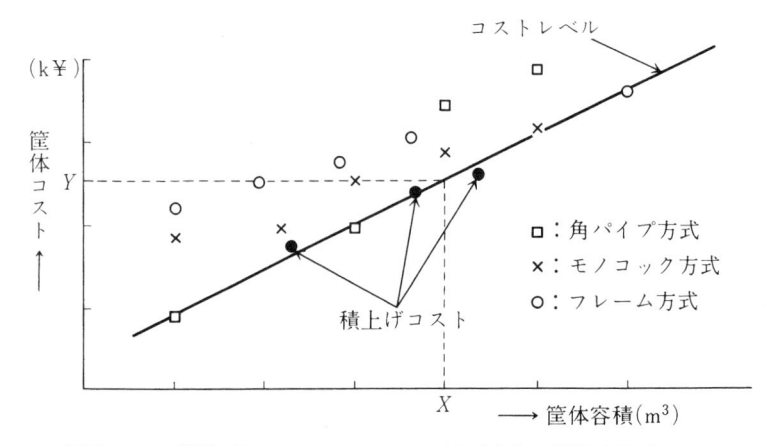

図表5-41　機能／コスト　チャートの例（筐体：機器を保護する）

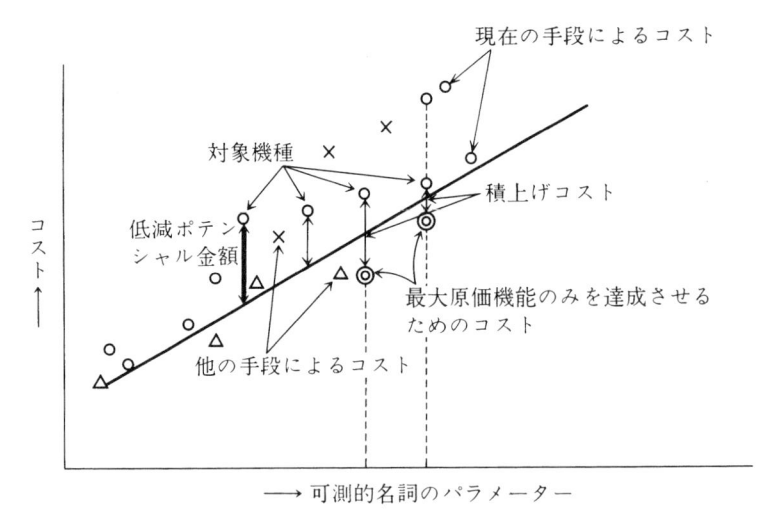

図表5-42　ポテンシャル発見の考え方

この低減ポテンシャル金額は，品名，図番，メーカなどとともに，下表のような一覧表にまとめる．

品名	図番	低減ポテンシャル金額	備考
a	0021	4,600.―	外注
b	0124	2,000.―	内作
c	3210	480.―	内作

次に，この低減ポテンシャル金額の発生理由（コストレベルより，対象品が，コストアップになっている要因）を「ポテンシャル」と名づけ，これの発見を行なう．このとき下記項目のような内容の検討を行なうと，ポテンシャルの発見に結びつけやすい．

① "最大原価機能"以外の機能（ただし，機能系統図上で，最大原価機能より上位の機能は考慮しない）と，最大原価機能とのコストをつかみ，どの仕様値なり性能値の影響が大きいかを把握する
② 仕様，性能の拡大，または縮小による影響度合により，品質尺度を見直す
③ 手段または方式の違いによる，コスト差の発見
④ 仕様または機能と低減ポテンシャル金額との対比
⑤ メーカ，購入先，製作方法などの違いを見出す
⑥ 量産効果の影響度合
⑦ 購入先に合った，仕様要求範囲の発見
⑧ その他

そこで，上記検討項目により摘出されたポテンシャルを図表5-43のようにまとめ，さらに改善案の検討"をすべき"，"の余地がある"，"で効果が見込めそうな"項目を，体系的に，方向別に整理する．この整理した結果が，「ポテンシャル地図」である．ポテンシャル地図の方向別要因の例を図表5-44に示す．

ポテンシャルの体系，分布を認識した段階で，原価低減としてのターゲット，制約条件，効率を考慮して，次のステップでは数多いポテンシャルに対しプライオリティをつけて，解決策の検討を進めていくことになる．

機能:「熱エネルギーを交換する」

機 種 名	品　　名	低減ポテンシャル金額	ポテンシャル
ルームエアコン	エバポレータ	600.-	① フィン形状 ② フィン厚さ $0.5^t \to 0.2^t$ ③ 拡管の作業手順

図表5-43　ポテンシャル整理表

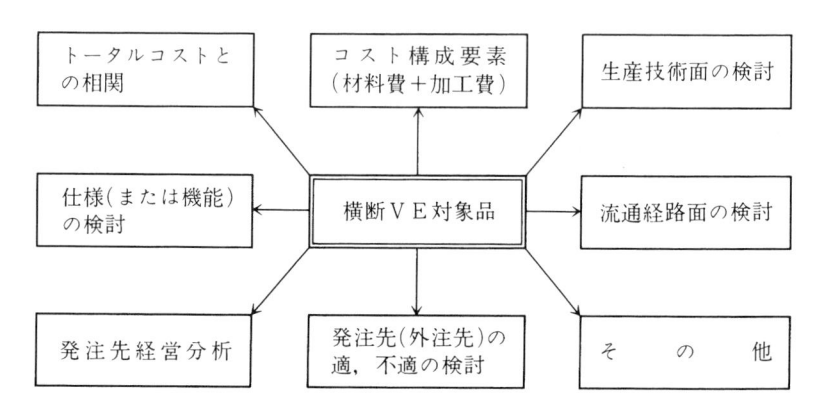

図表5-44　購入部品横断VEのポテンシャル地図体系

5.6.7　ステップ5:低減要因の抽出

　横断VEの大きな特徴は,コストレベルの設定から,低減ポテンシャル金額を算出し,この金額が発生する要因を,ポテンシャルとして見出し,これをつぶしていくことである.そこで,本ステップでは,このポテンシャルをヒントに,具体的低減要因に結びつける努力を行なう.

　例えば,仕上げ精度の差によって低減ポテンシャル金額が算出されたとしたら,対象品に対して,この仕上げ精度を緩和するためには,何が問題かを明確にし,その問題を解決するためのアイディア発想を行なう.

　アイディア発想には,ブレーンストーミング,NM法,KJ法などの方法を

利用する．

　特に，横断 VE の場合には，問題点が，"ポテンシャル" として判明しているために，そこに焦点を合わせて発想すれば，具体性のある，斬新なアイディアが出やすい．アイディアが出された後の手順は，以下のとおりである．

① 出されたアイディアをラインでフォローできるまで具体化し提案書にまとめる．これには，裏付資料として，見積書，カタログ，性能試験表，認定書などを添付する．

② 対象にした部分機能（部品）を保有している各製品機種の担当責任者による評価を提案書をもとに行なう．この評価は改善案に対して，コストメリット，技術的可能性，製品としての拘束性などに対して行なうもので，問題点のある機種に対しては，その解決策を再度検討する．

③ 部品認定，性能把握，信頼度確認などが不充分の場合には，テスト日程を作り，また，そのための金額を確保する．

④ 各製品機種に改善案の部品を実装するまでのフォローアップ日程表を作成する．

5.6.8　ステップ 6：効果の把握とフォローアップ

　横断 VE の場合も，図面，品名単位で，具体的に提案書にまとめ，必要部門に伝達してフォローアップを行ない，効果に結びつける．効果の把握，およびフォローアップにあたっては，次の各項目に対し，十分配慮すべきである．

① 適用実施のスケジュール

　　代替案への転換では，購入先や加工手順，形式などそれぞれ条件が変わる場合，同時全面切り換えが困難である場合が多い．それゆえ，段階的に切り換えていく範囲，順序，時期を計画する．また，現在，部品の在庫をもっている場合には，在庫の消化，滅却をどのような範囲で行なうのかなどの適用実施計画が必要である．対象品が使用される機種の将来事情により，改善案の適用に変更が生じることが予測されるような場合には提案時に必要措置をとる．

② 適用範囲の拡大

改善案が共通的に他の機種に適用可能な場合は，対象範囲を拡げ効果の拡大を図る．

③ 互換性のチェック

部品単体として，低減要因が証明されたとしても，使用する機種の他の条件で，実際に適用できるか否かは，取付寸法などの互換性を考え，トータルメリットとして判断しなければならない．

④ 信頼性への配慮

改善案についての信頼性に関する配慮は当然のことであるが，横断 VE は部分機能を共通的にとらえての分析であるため，代表機種のみの信頼性チェックでは把握できない面がある．それゆえ，個々の部品に要求される信頼度をデータとしてとらえておき，それに改善案を対処させる必要がある．

5.7　原価低減事例

価値工学を適用して原価低減を達成した事例を図表 5-45，図表 5-46 に示す．

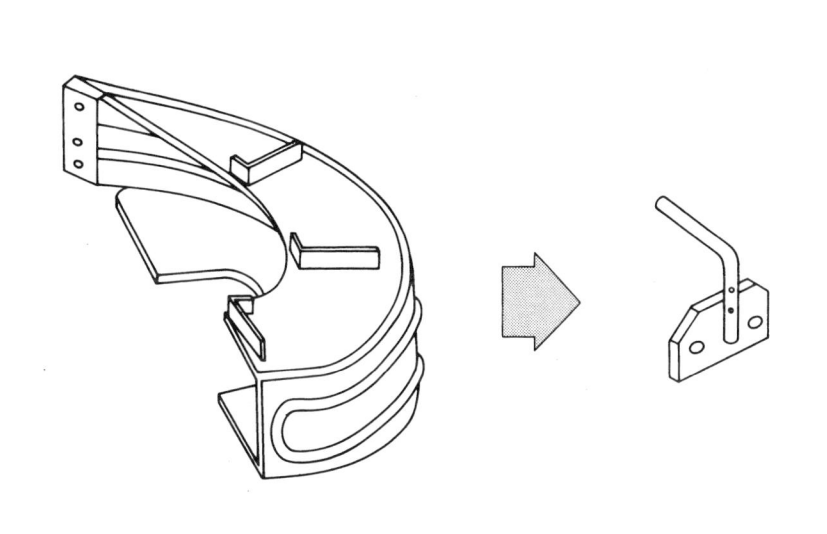

1. 機　　　能	ロープの動きを制約する
2. 分析のポイント	構造部材の機能追求
3. 重点テスト項目	ロープの移動量，荷重条件
4. 成　　　果	年間利益　　〇〇〇〇　k¥
	低減率　　　　　85.2%

代替案に至る経過	埠頭クレーンに使用しているロープの動きを分析し，移動量，移動範囲等を明確に把握，かたや，現状の"ロープはずれ止め"構造の機能定義，機能系統図の作成を行ない，"はずれ止め"機能を正確につかみ，アイデア発想を行なって，代替案に結びつけた．

図表 5-45　原価低減のための価値工学適用事例［1］
（クレーン用ロープはずれ止め）

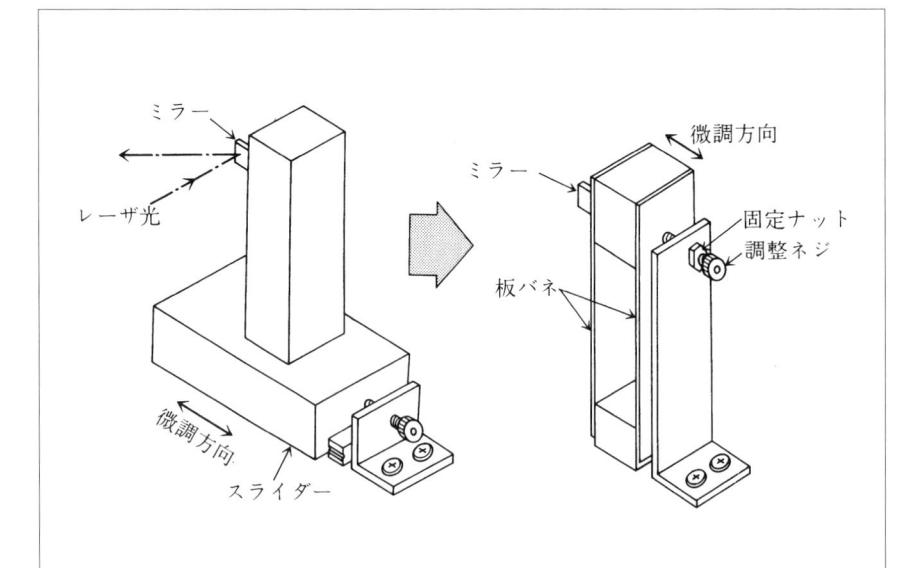

194 第5章 原価低減のための価値工学の活用

1. 機　　　　能	ミラーを移動する	
2. 分析のポイント	板バネのたわみを用いた駆動方式	
3. 重点テスト項目	板バネの特性	
4. 成　　　　果	年間利益	××××　k¥
	低減率	46%

代替案に至る経過	レーザ光を所定の個所に移動させるために，ミラーによる反射を用いている．このときの位置調整として反射ミラーを剛性を持たせた部材に取りつけスライダーによる移動方式をとっていたが，ミラー移動の機能を分析した結果，移動量が微少であることに着目して，板バネ2枚による"たわみ"の平行移動による駆動方式に至った．

図表5-46 原価低減のための価値工学適用事例［2］（微調整駆動装置）

参考文献

[1] 武知孝夫：『コストの正しい求め方』, 産能大学出版部, 1974年.
[2] 池永謹一：『IE概論』(IEセミナーテキスト), 日本科学技術連盟, 1992年.
[3] W. J. Jゴードン（大鹿譲, 金野正訳）：『シネクティクス』, ラテイス, 1964年.
[4] A. F. オズボーン：『独創力を伸ばせ』, ダイヤモンド社, 1982年.
[5] 産能大学総合研究所：『VEの基本』, 産能大学出版部, 1986年.
[6] 手島直明：「横断VEのアプローチ技法」,『第8回VE全国大会論文集』, 1975年.
[7] アメリカ合衆国国防総省編, 玉井正寿訳：『新版・価値分析ハンドブック』, 産能大学出版部, 1973年.
[8] 手島直明, 柴田高雄：『実践コストエンジニアリング』, 日科技連出版社, 1999年.
[9] 手島直明：「新コスト管理におけるVE」,『ENGINEERS』, 日本科学技術連盟, 1999年.

索　引

【数字】

4つのステークホルダー　　19
5W3H　　78

【A-Z】

DARE法　　95, 96
DODのチェックリスト　　158
FAST　　81
FD法　　94, 95, 149
IE　　65, 133, 134
KJ法　　109
KW　　114
NM-T法　　113, 114, 115
NM法　　113
NVRS法　　93
QC　　65, 133, 134
RSブレーンストーミング法　　105
TFP　　60
VA　　35, 51
VA手法　　50
VE　　36, 48, 50, 51, 65, 133, 134

【あ行】

アイディアの発想　　98
アイディア発想の手順　　157
アンサーマトリックス　　89
異質馴化　　137
イニシャルコスト　　150
営業原価　　123

演繹的定義方法　　79
横断VE　　63, 176, 177, 179, 180, 190
オズボーンのチェックリスト　　107

【か行】

概略評価　　165
価値　　23, 26, 37, 38, 39, 46, 52, 90
価値係数　　153, 154
価値工学　　36, 44, 45, 48, 50, 65, 132, 134
価値工学の活用サイクル　　47
価値工学の活用目的　　61
価値算出式　　42, 43, 53
価値指標　　23, 40
価値設定の5要素　　45, 46
価値の選択　　46, 47
価値の創造　　46, 47
価値の伝達　　46, 47
価値の評価　　66
価値の保証　　46, 47
価値分析　　35
価値連鎖　　26, 28
価値連鎖経営　　24
活動日程　　143
感情の関　　100, 101
期間原価　　124
犠牲　　40
機能　　41, 52, 55, 56, 67, 68, 69
機能係数　　153, 154, 155
機能系統図　　81, 83, 148, 185
機能系統図の作成手順　　84

機能定義	60, 65, 66, 67, 68, 70, 79, 144, 146
機能定義の手順	78, 79
機能定義用語集	72
機能的研究	49
機能の整理	147
機能比較法	92
機能評価	60, 65, 66, 90, 92, 149
機能評価値	154
機能分析	144
機能変換	89
希望点列挙法	109
基本機能	86, 87, 88
基本技法	65
逆ピラミッド型	30
協創	3
共同VE	61, 63
具体化	167, 168, 169
形態分析図	110, 112
形態分析法	110
結合化	163, 164
欠点列挙法	108
原価	122, 123
原価管理	15
原価低減	119, 132
原価低減の効果	120
原価低減方法の変遷	122
原価の種類	123
原価の把握	124
原価分析	125, 126, 150, 152
検証評価	66, 67
工業時代	14
構想集約	66, 67
顧客	54
顧客価値	6, 41, 42
顧客本位	54
コスト	41
コスト管理	15
コスト係数	153, 154, 155
コスト条件関連図	186, 187
コスト把握	152
コストレベル	184
コストレベル把握	184, 185
この指とまれ組織	4
コラボレーション	3

【さ 行】

最上位機能	86, 87
思考拡散	66, 67
自己実現	10
実績価値標準法	93
実践チーム	143
シネクティクス法	111
主観的見積法	92
手段	81
馴質異化	137
上位機能	85
条件設定	88
使用システム	87
使用者機能	87, 88
商品価値	41, 42
情報時代	6
ジョブプラン	50, 59
生産管理	15
生産工学	65
製造原価	123
製品VE	63, 136, 138, 139
製品価値	41, 42
製品原価	124
製品目標コスト	154

絶対的評価法	91
セリ市法	93
総原価	123
創造	98
創造活動	52
創造技法	104
創造的人格の要素	103
創造力	102
相対的評価法	91
双方向コミュニケーション	4
属性比較法	92

【た行】

対象選定	140, 141
代替案の作成	61, 65
チェックリスト法	106
チームデザイン	50, 59
直接原価把握フォーマット	151
直接類比	161
知力時代	6
提案書	172
提案書フォーマット	173
低減目標コスト	154
適合性評価	165
テスト	171
等価変換思考法	116, 117
動詞	75
特性列挙法	107

【な行】

認識の関	100
ネットワーク構造	3

【は行】

廃棄コスト	150
バリュー・ベースド・マネジメント	22
パレート図	142, 183
パレート分析	141
ピラミッド型	29, 30
品質管理	15, 65
部位価値	41, 42
フォローアップ計画書	174, 175
物性名詞	72, 74
不要機能	134
ブレーンストーミング	156
ブレーンストーミング法	104
プロセス管理	15
文化の関	100, 101
分析的定義方法	79
分類評価	160
ボーダーレス化	3
ポテンシャル	187, 188, 189
ポテンシャル地図	189
本質追求	161, 162

【ま行】

マイルズの基本ステップ	60
マズローの欲求五段階説	10
名詞	72, 73
メンテナンスコスト	150
目的	68, 81, 85
目的機能	40
目的集中	66
目標価値の設定	66
目標コストの設定	97

【や行】

要求機能	134
ライフサイクルコスト	40, 48
ランニングコスト	150

利益	23
利益確保の3つの方法	119
利益の算出構造	120

【ら行】

理論的価値標準法	92

著者紹介

手島直明（てしま なおあき）

略歴：1980 年：㈱日立製作所 VA 推進センター主任技師
　　　1987 年：㈱日立製作所 VEC 推進センター長代理
　　　1992 年：㈱日立情報システムズ VEC 推進センター長
　　　1998 年：明星大学 大学院 情報学研究科 教授
　　　2010 年：VBM（Value Based Management）研究所 代表
学位：工学博士（東京工業大学）
資格：技術士（経営工学），
　　　CVS（Certified Value Specialist）
受賞：1975 年　最優秀論文賞（第 8 回 VE 全国大会）
　　　1992 年　研究開発功績賞（日本バリュー・エンジニアリング協会）
　　　1993 年　通商産業大臣賞（第 45 回全国能率大会）
　　　1997 年　品質技術賞（日本品質管理学会）
主な著書
　・『実践価値工学(顧客満足を高める技術)』，㈱日科技連出版社
　・『実践コストエンジニアリング』（共著），㈱日科技連出版社
　・『原価企画実例集』（共著），㈳日本能率協会
　・『新製品開発のコストマネジメント（共著）』，㈱中央経済社
　・『経営工学ハンドブック』（共著），㈱丸善
　・『生産管理の辞典』（共著），㈱朝倉書店

実践 価値工学──価値創造経営の視座
基 礎 編

2011年2月25日　第1刷発行

著者　手　島　直　明
発行人　田　中　　　健

発行所　株式会社　日科技連出版社
〒151-0051　東京都渋谷区千駄ケ谷5-4-2
電話　出版　03-5379-1244
　　　営業　03-5379-1238～9
振替口座　東京00170-1-7309

検印省略

Printed in Japan

印刷・製本　中央美術研究所

Ⓒ Naoaki Teshima　2011
ISBN978-4-8171-9384-1
URL http://www.juse-p.co.jp/

本書の全部または一部を無断で複写複製（コピー）することは，著作権法上
での例外を除き，禁じられています。